3.-8. Schuljahr

Rudi Lütgeharm

SCHWIMMEN lernen & üben

- Wahl der Anfangs-schwimmart
- vom Gleiten zur Schwimmtechnik
- Brust- & Kraul-schwimmen
- Rückenkraulen
- Startsprung & Kippwende

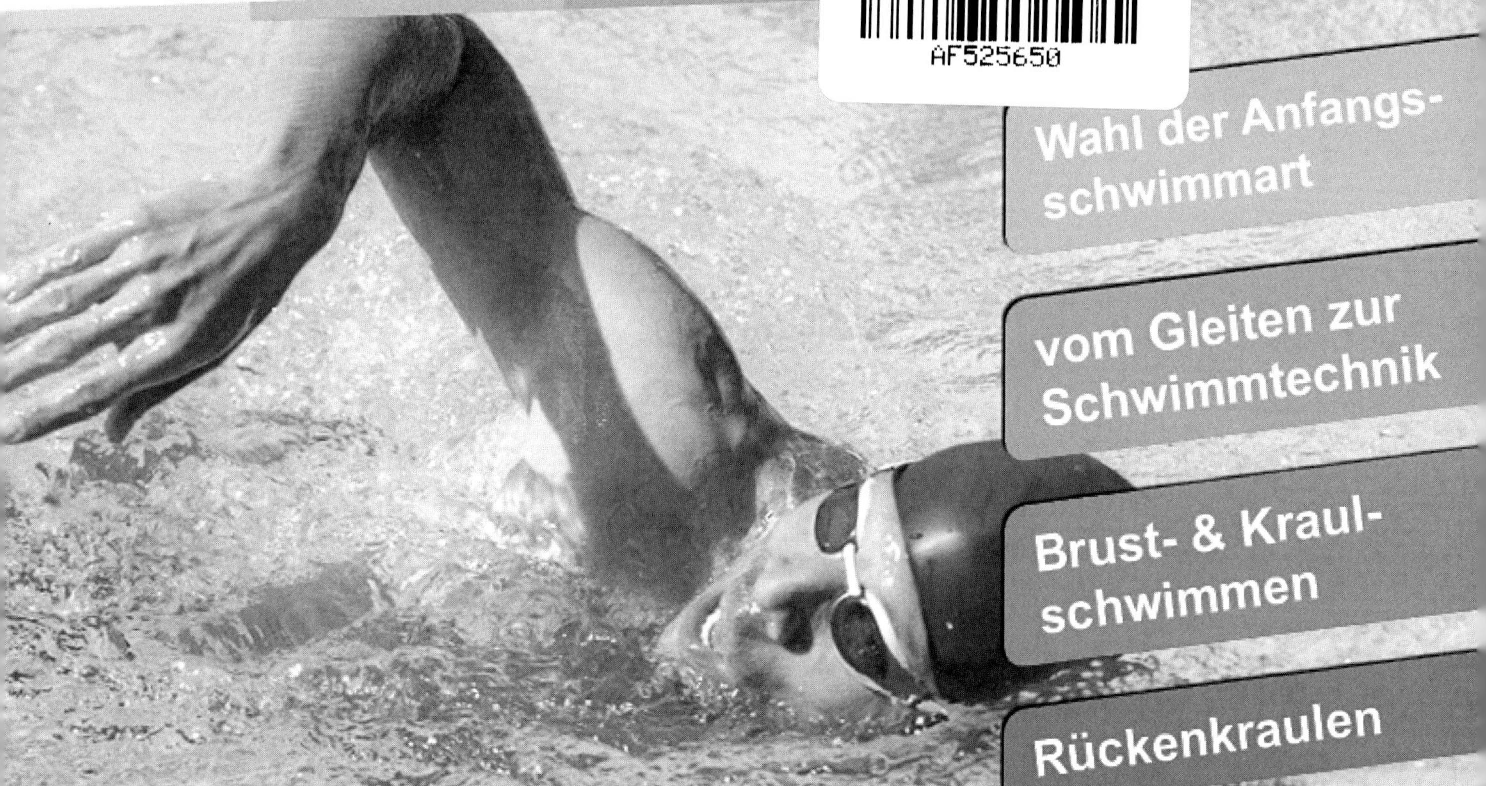

- Praxisnah & anschaulich
- Methodische Übungsreihen
- Sofort umsetzbare Lernschritte

www.kohlverlag.de

Schwimmen lernen & üben

praxisnah und anschaulich

1. Auflage 2021

Inhalt: Rudi Lütgeharm
Coverbild: © TeamDaf - AdobeStock.com
Illustrationen: Scott Krausen
Redaktion: Kohl-Verlag
Grafik & Satz: Kohl-Verlag
Druck: xxxxx

Bestell-Nr. 12 715

ISBN: 978-3-98558-102-3

Bildquellen © AdobeStock:

S. 8: afefelov68, Microgen, TeamDaf; **S. 9:** Andrii, New Africa; **S. 10:** Image'in, leremy (3x); **S. 11/12:** chickfishdoodles (3x); **S. 14:** FrankU; **S. 15:** Monkey Business; **S. 17:** Tommy Windecker, Seventyfour, godesignz, fotofrank; **S. 18:** kornnphoto; **S. 19:** yAOinLoVE, MidoSemsem, Flower_Garden; **S. 22:** Andrii, RPA_studio; **S. 27:** hanapon1002, DragonImages; **S. 28:** bullet_chained; **S. 31:** Microgen; **S. 33:** Image'in; **S. 34:** RPA_studio; **S. 35:** Microgen, ManuPadilla; **S. 36:** Natalya Chumak (2x), bullet_chained; **S. 39:** FS-Stock; **S. 41:** Kekyalyaynen; **S. 46:** Steffen Eichner, TeamDaf; **S. 47:** bullet_chained; **S. 49:** FS-Stock (2x); **S. 50:** Nomad_Soul; **S. 53:** hanapon1002 (3x); **S. 56:** L.Bouvier, Rémy MASSEGLIA, Mariakray, Andrii; **S. 57:** Ljupco Smokovski (2x), WavebreakMediaMicro.

Bildquellen © wikipedia.org:

S. 13: Seepferd Allgemeines Logo; **S. 14:** Deutsches Jugenschwimmabzeichen in Gold, © Sebastian Wallroth; **S. 37:** Michael Phelps Rio Olympics 2016, © Agência Brasil Fotografias

Inhaltsverzeichnis

Seite

Schwimmen lernen & üben
praxisnah und anschaulich – Bestell-Nr. 12 715

Vorwort und Einführung

Faszination

Das Bewegen im Wasser übt auf die meisten Menschen – ob jung oder alt – eine hohe Faszination aus. Schwimmen ist daher eine der beliebtesten Freizeitbeschäftigungen. Trendsportarten kommen und gehen wie Modezyklen – das Schwimmen bleibt als ein Urbedürfnis des Menschen. Hat man es einmal erlernt, beherrscht man es ein Leben lang.[1] Schwimmen ist eine schwebende Fortbewegung im Wasser. Wird der Vortrieb optimiert und durch Regeln festgelegt, spricht man vom „sportlichen Schwimmen".

Schwimmen ist eine Sportart, mit der man seinen Körper gut in Form bringen kann – wer regelmäßig schwimmt, tut etwas für seine Gesundheit ...

Gesundheit

- Herz und Kreislauf werden angeregt.
- Die Durchblutung insgesamt wird gefördert.
- Man „härtet" sich durch den Warm-Kalt-Effekt ab.
- Viele Muskeln werden gleichermaßen angesprochen und trainiert.
- Wirbelsäule und Gelenke werden dabei entlastet.
- Fast automatisch wird das richtige Atmen angewandt: langsam, tief und gleichmäßig usw.

Schwimmen lernen

Was gibt es Schöneres als bei sommerlichen Temperaturen ins Freibad zu gehen und ins kühle Nass zu springen? Kinder sollten schon zu ihrer eigenen Sicherheit so früh wie möglich schwimmen lernen. Jeder Urlaub am Meer wird zur Gefahr, wenn das Kind nicht schwimmen kann. Normalerweise können Jungen und Mädchen im Alter von fünf oder sechs Jahren problemlos mit dem Schwimmen lernen beginnen. Grundschulen haben sogar den gesetzlich vorgeschriebenen Auftrag, ihren Schülern Schwimmunterricht zu erteilen. Erfahrungsgemäß wird in den Grundschulen das Schulschwimmen ab der 3. Klasse angeboten. Am besten nimmt das Kind schon vor dem Schuleintritt an einem Schwimmkurs teil und lernt dort unter fachkundiger Anleitung das Schwimmen.

Früher war Schwimmen zu lernen einmal so selbstverständlich wie Laufen, Sprechen und Lesen zu lernen. Noch in den 1960er und 1970er Jahren bauten selbst kleine Städte und Gemeinden Hallenbäder. Hier lernte fast jedes Kind das Schwimmen – sei es beim Schwimmkurs im Verein oder während des Schulunterrichts. Der Bäderboom dieser Zeit war einer der Gründe, warum Ende der 1980er Jahre knapp 90 Prozent der Bevölkerung schwimmen konnte.

Nichtschwimmer

Heute ist Deutschland dagegen längst keine Schwimmer-Nation mehr. Bereits seit einigen Jahren stellt die Deutsche Lebens-Rettungs-Gesellschaft (DLRG) regelmäßig fest, dass immer weniger Kinder richtig schwimmen lernen. Eine repräsentative Umfrage, die das Meinungsforschungsinstitut Forsa jüngst im Auftrag der DLRG durchgeführt hat, zeigt, welches Ausmaß diese Entwicklung inzwischen angenommen hat: 60 Prozent der Zehnjährigen sind demnach keine sicheren Schwimmer oder sogar Nichtschwimmer.[2]

[1] www.dsv.de/schwimmen
[2] www.wissen.de/schwimmen-ein-lebenselixier

Vorwort und Einführung

Woran liegt es, dass ein Großteil der Grundschüler heute nicht sicher schwimmen kann?

- Immer mehr Schwimmbäder werden aus Kostengründen geschlossen.
- In der Grundschule findet weniger Schimmunterricht statt, da die Schulen ein Schwimmbad nur schwer erreichen können. Manchmal fehlt es auch an qualifizierten Lehrkräften.
- Auch viele Eltern sind unsichere Schwimmer, z.B. bei türkisch- und arabisch-stämmigen Migranten.

Gründe

Deutschlandweit gibt es besorgte Berichte darüber, dass die Kinder in den vergangenen Monaten wegen der Pandemie kaum noch oder gar nicht schwimmen gelernt hätten. In Bayern gab es 2020 insgesamt 70 % weniger Schwimmprüfungen, schätzt die dortige DLRG. Franziska van Almsick, prominente Leistungschwimmerin und mehrfache Europa- und Weltmeisterin, brachte es Ende Mai auf den Punkt. „Meine Sorgen sind supergroß", sagte sie im NDR. Schon vor der Pandemie habe jeder zweite Drittklässler in Deutschland nicht sicher schwimmen können. „Ich rechne mit einer ganzen Generation, die nicht schwimmen lernen konnte. Das ist echt tragisch", so ihr düsteres Fazit.

Die einem antiken Poeten zugeschriebene Formulierung „Er konnte weder lesen noch schwimmen." war zu jener Zeit die metaphorische Umschreibung für einen in jeglicher Hinsicht ungebildeten Menschen oder einen Bildungsverweigerer. Große Wertschätzung des Schwimmen-Könnens findet sich noch im berühmten mittelalterlichen „Ritterspiegel" des Johannes Rothe (ca. 1410), wo es darum ging, dass der angehende Ritter schwimmen und tauchen „und sich vom Bauch auf den Rücken wenden und krümmen kann".[3]

Geschichte

Der Lehrer und Erzieher GutsMuths[4] hat einen wesentlichen Teil zur Entwicklung der Lehrweisen im Schwimmunterricht beigetragen. Sein Buch „Kleines Lehrbuch der Schwimmkunst zum Selbstunterricht" (Weimar 1798) ist die erste Schwimmanleitung in deutscher Sprache. Er war aufgeschreckt von der hohen Zahl derjenigen, die Jahr für Jahr in den Flüssen, Seen und Kanälen ertranken, da sie nicht schwimmen konnten. Dies veranlasste ihn zu dieser Schwimmfibel. Methoden zur Wassergewöhnung, Übungen im seichten und tiefen Wasser, Brust-, Rücken- und „Seitschwimmen" werden behandelt. Als mechanisches Hilfsmittel wird die „Angel" eingeführt und empfohlen, die sich noch bis in unsere Tage erhalten hat. Ergänzt wird diese Anleitung durch Baderegeln, womit der Verfasser das Ziel verfolgte, Schwimmen zu einem „*Hauptstück der Erziehung*" werden zu lassen.

Hilfen & Lernschritte

Trotz aller genannten Probleme sollte/muss versucht werden, dass wieder mehr Kinder „Schwimmen lernen", damit die positiven und gesundheitlichen Wirkungen des Bewegens im Wasser auch wirklich zum Tragen kommen. Dieses Buch beinhaltet klare und sofort umsetzbare Lernschritte/Übungsreihen zum Lernen und Üben der Schwimmtechniken Brustschwimmen, Rückenschwimmen und Kraulschwimmen, die „Schritt für Schritt", meistens ganzheitlich erlernt werden können.

Viel Spaß und Erfolg bei der Umsetzung der Übungen und Lernschritte zum „Schwimmen lernen" wünschen der Kohl-Verlag und

Rudi Lütgeharm

[3] Prof. em. Dr. Albrecht Hummel: Vortrag zur Konferenz „Schulschwimmen" am 4. Dezember 2019 in Dresden

[4] Johann Christoph Friedrich GutsMuths (* 9. August 1759 in Quedlinburg; † 21. Mai 1839 in Ibenhain bei Waltershausen) war ein namhafter deutscher Pädagoge und Mitbegründer des Turnens.

1 Didaktisch-methodische Hinweise – Lehrplan/Kerncurriculum

Im Rahmen des Sportunterrichts kommt dem Schwimmunterricht eine besondere Bedeutung zu.

Schwimmen ist ein unverzichtbares, nicht austauschbares Erfahrungsfeld im Entwicklungsprozess eines jeden Menschen. Dies begründet sich einerseits aus der Notwendigkeit der Wassersicherheit gegenüber der Gefahr des Ertrinkens sowie andererseits aus dem hohen gesundheitsfördernden und freizeitrelevanten Wert dieses Lernbereichs.

Das Erproben, Erlernen und Festigen der schwimmerischen Grundfertigkeiten als unverzichtbarer Bestandteil des Unterrichts schafft die Voraussetzung für das Beherrschen mindestens einer Schwimmtechnik. Leistungsstarke Schüler sollten eine zweite Schwimmtechnik erlernen und könnten mit einer dritten vertraut gemacht werden.[1]

Deutlicher kann die besondere Bedeutung des Schwimmunterrichts nicht hervorgehoben werden. So oder so ähnlich wird es auch in den Lehrplänen/Kerncurricula anderer Bundesländer zum Ausdruck gebracht.

Beispielhaft wird hier ein Auszug genannt:
Sächsisches Staatsministerium für Kultus – Lehrplan Grundschule – Sport.
Der Schwimmunterricht wird in Klasse 2 durchgeführt.

Erkunden und Üben vielfältiger Bewegungen im Wasser	
Schwimmerische Grundfertigkeiten entwickeln – grundlegende Auseinandersetzung mit dem Element Wasser – Tauchen mit Öffnen der Augen unter Wasser – Atmen bewusst und rhythmisch – Springen ins tiefe Wasser aus verschiedenen Ausgangsstellungen und Absprunghöhen – Auftrieb und Gleiten in Brust- und Rückenlage – Fortbewegen im Flach- und Tiefwasser durch Einsatz der Extremitäten in Brust- und Rückenlage	– Lernreihen nutzen – Anschauungstafeln – Sprosse, Brett, Stangen, Ringe, Bälle – Übungen zur Überwindung von Hemmungen und Angst auch mit Partner – Einbeziehung vielfältiger Spiel- und Experimentierformen – mit und ohne Hilfsmittel
Beherrschen einer ersten Schwimmtechnik – Beinbewegung, Armbewegung, Gesamtbewegung in Verbindung mit einer rhythmischen Atmung	– vorrangig Brustschwimmen – Berücksichtigung wesentlicher Merkmale des Bewegungsablaufes – Rhythmisierung, Koordination – Schwimmscheibe, Gurt, Brett, Schwimmnudel, Pull Buoys
Erkunden und Üben einer zweiten Schwimmtechnik – Beinbewegung, Armbewegung, Gesamtbewegung	– empfohlen wird das Rückenschwimmen

Die im o.g. Lehrplan genannten Inhalte und schwimmerischen Grundfertigkeiten werden in diesem Buch behandelt und Schritt für Schritt anschaulich dargestellt.

[1] Sächsisches Staatsministerium für Kultus: Lehrplan Grundschule – Sport, S.22

Didaktisch-methodische Hinweise – Lehrplan/Kerncurriculum

Dabei werden folgende methodische Vorgehensweisen besonders beachtet.

✓ **Streckschwebe und Gleiten**
Der Auftrieb – die *Streckschwebe* – und das Gleiten in Brust- und Rückenlage sind wichtige Voraussetzungen für das Schwimmen lernen und werden in Kap. 5 mit vielfältigen Übungen dargestellt.

✓ **Fortbewegen**
Daran schließen sich das Fortbewegen im Flach- und Tiefwasser unter Einsatz der Extremitäten (anfangs mit den Beinen) an. Die Kinder werden so in kleinen Schritten in die Lage versetzt, sich zunächst im Flachwasser und später im Tiefwasser fortzubewegen. Der Wechsel vom Flachwasser im Lehrschwimmbecken in das Tiefwasser stellt für manche Schwimmanfänger eine bedeutende psychische Barriere dar.

✓ **Übungszeit im Wasser**
Bei allen Beispielen wird besonders darauf geachtet, dass die Kinder bei allen vorbereitenden/hinführenden Übungen und beim Schwimmen lernen möglichst viel *Übungszeit* im Wasser haben. Trockenübungen an Land sind ergänzende Übungen, die aber nicht zu oft eingesetzt werden sollten, da die Besonderheiten des Wasserwiderstandes fehlen.

✓ **Gekonntes und neue Elemente**
Damit sich möglichst bei vielen Kindern schnell Erfolgserlebnisse einstellen, wird möglichst *Gekonntes* mit neu zu erlernenden Elementen verbunden, wie z.B. in der Abfolge: Gleiten aus dem Sitz von der untersten Treppenstufe – Gleiten mit Abstoßen vom Beckenrand – Gleiten mit Beinbewegung usw.

✓ **Ganzheitlich lernen**
Kinder im Grundschulalter lernen schneller und besser, wenn neue Abläufe ganzheitlich geübt werden, wobei Bewegungshilfen (Schwimmbrett, Schwimmnudel, Pull Buoys etc.) als Unterstützung zum Einsatz kommen.

Häufige Fragen …

- **Wann findet der Schwimmunterricht in der Schule statt?**
  Meistens wird der Schwimmunterricht an Grundschulen ab der 3. Klasse angeboten (kann aber auch abweichen – siehe Sachsen: in der 2. Klasse).
- **Sind Schülerinnen und Schüler verpflichtet am Schwimmunterricht teilzunehmen?**
  Ja, die Teilnahme am Schwimmunterricht ist Teil des regulären Sportunterrichts und damit für alle Schülerinnen und Schüler verpflichtend.
- **Wer erteilt den Schwimmunterricht?**
  Lehrerinnen und Lehrer, die Schwimmunterricht geben, müssen ihre Rettungsfähigkeit nachweisen. In der Regel geschieht dies durch das Deutsche Rettungsschwimmerabzeichen in Bronze, Silber oder Gold. In vielen Bundesländern entspricht das Rettungsschwimmerabzeichen in Bronze den Mindestanforderungen, teilweise wird aber auch Silber verlangt.
- **Warum ist der Schwimmunterricht so wichtig?**
  Ertrinken ist die <u>*zweithäufigste*</u> Todesursache bei Kindern im Alter zwischen fünf und 14 Jahren. Sicher schwimmen zu können – die Erlangung der Schwimmfähigkeit – ist die wichtigste Präventionsmaßnahme gegen diese Unfälle. Der Schwimmunterricht an Schulen erreicht alle Schülerinnen und Schüler und kann die Zahl der Nichtschwimmer entscheidend reduzieren.

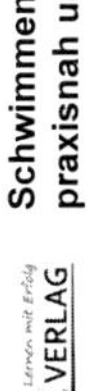

2 Hinweise zum Einsatz des Buches

Dieses Buch veranschaulicht mit viel Praxis, Hinweisen und sofort umsetzbaren Lernschritten, wie die bekannten und erwähnten positiven Wirkungen des Schwimmens Schritt für Schritt umgesetzt werden können.

Nicht jedes Kind wird später einmal ein Wettkampfschwimmer – nein, darum geht es auch nicht. Schwimmunterricht ist wichtig, damit sich die Kinder im Wasser wohl fühlen, Spaß haben und den eigenen Möglichkeiten entsprechend zu sicheren und guten Schwimmern werden. Ein Kind, das gelernt hat, im Wasser zu gleiten, zu atmen, zu tauchen, und sich mit einer Schwimmtechnik fortbewegen kann, wird sein ganzes Leben Freude und Spaß im Wasser haben.

Die Inhalte, Aufgaben und methodischen Maßnahmen in diesem Buch zeigen klar strukturierte Wege zum Lernen und Üben des Brust-, Rücken- und Kraulschwimmens auf. Hinweise und Tipps erleichtern zusätzlich die Umsetzung.

Die hier genannten Inhalte und Aufgaben decken die Kernthemen der Lehrpläne im Fach Sport für den Grundschulbereich und teilweise auch für die Sekundarstufe I ab.

Dieses Buch berücksichtigt die Grundsätze für das Schwimmen lernen – vom Gleiten zum Schwimmen – vom „Gekonnten" zum „Neuen" – und ist dementsprechend aufgebaut bzw. gegliedert.

1. Am Anfang steht immer die Frage nach der Wahl der geeigneten Anfängerschwimmart. Es gibt viele Bücher über das Anfängerschwimmen und die mögliche erste Schwimmart – je mehr man sich darüber informiert, um so größer ist die Meinungsvielfalt.
   Es gibt gute Gründe sowohl für das Brustschwimmen, aber auch für den Beginn mit dem Rücken- oder Kraulschwimmen. Das Kap. 3 beschäftigt sich eingehend mit dieser Frage, nennt die Vor- und Nachteile der jeweiligen Schwimmtechnik und ermöglicht dem Sportlehrer, eine Auswahl unter Berücksichtigung seiner Gruppe zu treffen.

2. Bevor Kinder eine Schwimmtechnik erlernen können, müssen die Voraussetzungen mit vielfältigen Übungen möglichst spielerisch im Wasser geschaffen werden. Der Schwimmlernprozess beinhaltet die Wassergewöhnung, die Wasserbewältigung und das eigentliche „*Schwimmen lernen* – vom Gleiten zum Schwimmen".

3. Das Gleiten bildet die Basis (Voraussetzung) für alle zu erlernenden Schwimmtechniken. Im Vordergrund steht zunächst das Beherrschen der *Streckschwebe* und anschließend der Übergang zum Gleiten in der Brust- und Rückenlage sowie der Lagewechsel („*Wie komme ich von der Bauch- in die Rückenlage?*"). Mit gut verständlichen Erläuterungen und kindgerechten Beispielen werden diese Voraussetzungen dargestellt (Kap. 5).

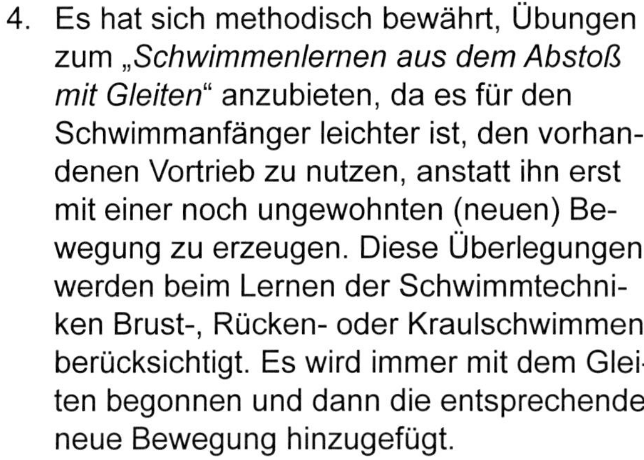

4. Es hat sich methodisch bewährt, Übungen zum *„Schwimmenlernen aus dem Abstoß mit Gleiten"* anzubieten, da es für den Schwimmanfänger leichter ist, den vorhandenen Vortrieb zu nutzen, anstatt ihn erst mit einer noch ungewohnten (neuen) Bewegung zu erzeugen. Diese Überlegungen werden beim Lernen der Schwimmtechniken Brust-, Rücken- oder Kraulschwimmen berücksichtigt. Es wird immer mit dem Gleiten begonnen und dann die entsprechende neue Bewegung hinzugefügt.

5. Für den motorischen Lernprozess – „Schwimmen lernen" – ist auch die <u>Wahl der richtigen Methode</u> von entscheidender Bedeutung. Da grundsätzlich von Kindern im Grundschulalter ausgegangen wird, muss berücksichtigt werden, dass Kinder in diesem Alter besser ganzheitlich lernen. Meist werden beim Schwimmen lernen Teilbewegungen wie der Beinschlag beim Brustschwimmen oder Kraulschwimmen geübt und nachfolgend mit der Atmung und der Armarbeit zusammengefügt.

6. Erfahrungsgemäß hat es sich bewährt, wenn bereits „Gekonntes" wie das Gleiten mit einem neuen Element, z.B. der Beinbewegung, verbunden wird. Dieses Prinzip wird bei

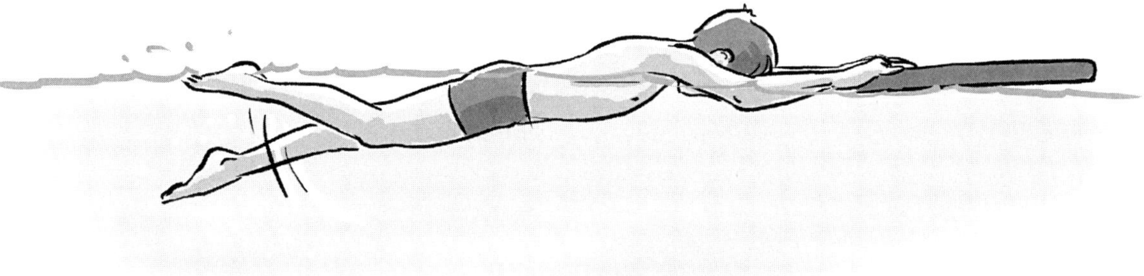

allen Vorschlägen zum Lernen und Üben des Brust-, Kraul- und Rückenschwimmens umgesetzt und zieht sich wie ein roter Faden durch alle in diesem Buch vorgeschlagenen methodischen Verfahren/Maßnahmen.

Schwimmen lernt man am besten im Wasser!

7. Beim Lernen einer neuen Schwimmtechnik ist es deshalb besonders wichtig, dass die Kinder möglichst viel Übungszeit im Wasser verbringen. Trockenübungen an Land können als Ergänzung eingesetzt werden, sollten aber nicht zu häufig durchgeführt werden, da die Besonderheiten des Wasserwiderstandes fehlen. Auch diese Überlegungen werden bei allen Beispielen beachtet.

3 Mit welcher Schwimmart anfangen?

Die folgenden Überlegungen dienen dazu, dem Sportlehrer Informationen für die Praxis an die Hand zu geben und ihm eine Entscheidung zu ermöglichen, welche Anfängerschwimmart für seine Schwimmgruppe geeignet ist.

Jede Schwimmart[1] ist als Anfängerschwimmart geeignet. Es gibt nicht „die Lösung", alle Entscheidungen sind denkbar und auch zu rechtfertigen. Unter Abwägung der Vor- und Nachteile muss der Sportlehrer seine Entscheidung treffen.

Welche Möglichkeiten stehen zur Wahl?

- Man kann wie üblich mit dem Brustschwimmen anfangen, was in Deutschland und überhaupt in Europa Tradition hat.
- In Amerika und in Australien fängt man dagegen mit dem Kraulschwimmen oder Rückenschwimmen an.

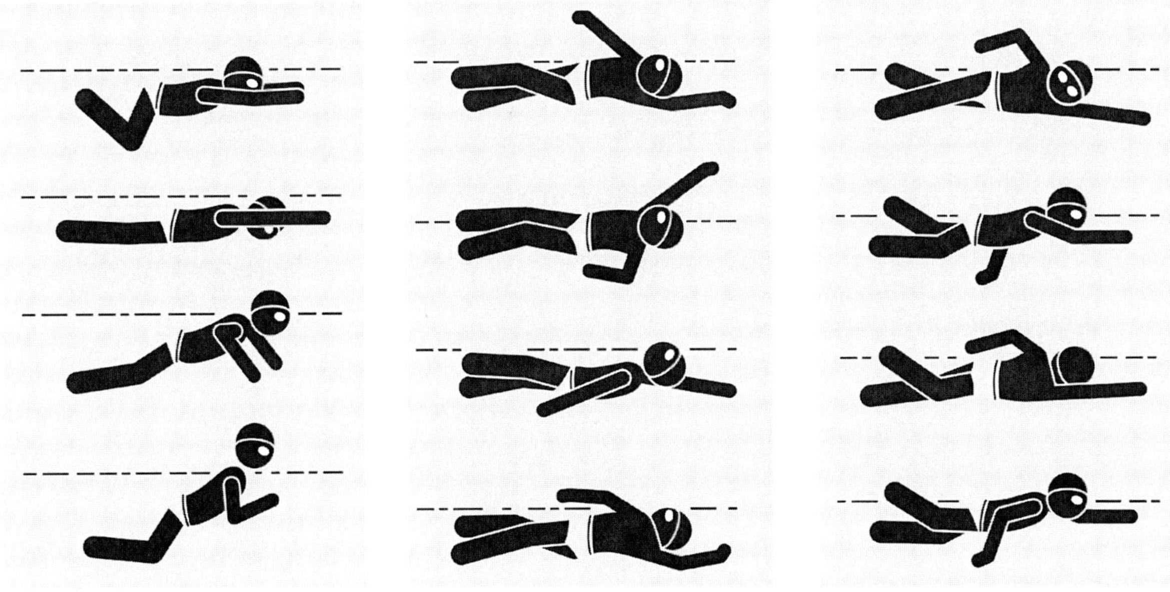

Brustschwimmen **Rückenschwimmen** **Kraulschwimmen**

Die Vor- und Nachteile der jeweiligen Anfängerschwimmart werden zunächst in übersichtlicher Form dargestellt und ermöglichen dem Sportlehrer auf einen Blick schnelle und konkrete Informationen. Die hier gemachten Äußerungen erheben keinen Anspruch auf Vollständigkeit, sondern sind als Anregungen zu verstehen.

Es schließen sich weitere Überlegungen an, die häufig bei der Auswahl der Anfängerschwimmart von Bedeutung sind, z.B. die Kenntnisse und Erfahrungen des Sportlehrers, die Rahmenbedingungen vor Ort (Zeitdauer und Räumlichkeit) und natürlich die motorischen Fähigkeiten und Bewegungserfahrungen der Kinder in der Schwimmgruppe.

[1] Die Schwimmart (= Art der Fortbewegung im Wasser) ist nicht zu verwechseln mit der Schwimmtechnik (= zweckmäßige/ökonomische Bewegungsausführung der Fortbewegung im Wasser).

3 Mit welcher Schwimmart anfangen?

Brustschwimmen
Was spricht u.a. für das Brustschwimmen als Anfängerschwimmart?

- Das Kind ist in recht kurzer Zeit in der Lage, ausdauernder (länger) zu schwimmen und die Anforderungen des Schwimmabzeichens „Seepferdchen" (s.u.) zu schaffen.
- Durch das Gleiten in der Brustlage wird ein guter Einstieg ermöglicht.
- Das Brustschwimmen ermöglicht dem Schwimmanfänger eine gute Orientierung in Bewegungsrichtung und nach beiden Seiten, das gibt Sicherheit.
- Hinweise und Tipps des Sportlehrers vom Beckenrand kann das Kind gut hören und evtl. sofort umsetzen.
- Die relativ lange Gleitphase beim Brustschwimmen ermöglicht eine optimale Entspannung zwischen den einzelnen Bewegungszyklen.
- Der Vortrieb wird hauptsächlich vom Beinschlag geleistet. Die Beinmuskulatur ist bei den meisten Kindern kräftiger entwickelt als die Armmuskulatur, dadurch sind bessere Erfolge beim Vortrieb gewährleistet.
- In Deutschland und Europa wird meistens das Brustschwimmen als erste Schwimmart gelehrt.

Was spricht u.a. gegen das Brustschwimmen als Anfängerschwimmart?

- Das Brustschwimmen ist die langsamste Schwimmtechnik.
- Das Brustschwimmen ist die technisch anspruchsvollste Schwimmart – koordinativ sehr anspruchsvoll.
- Es gibt nur wenige Gemeinsamkeiten mit den anderen Schwimmtechniken.
- Die Technik des Brustschwimmens zählt aufgrund der Symmetrie zu den Gleichzug- bzw. Gleichschlagschwimmarten. Der Schwimmanfänger kann in der Regel auf keine Bewegungserfahrungen zurückgreifen, d.h. ein Lerntransfer ist meistens nicht möglich.
- Das Brustschwimmen ist häufig sehr belastend für die Hals- und Lendenwirbelsäule.
- Das Brustschwimmen lässt sich meistens nicht so gut in Spielformen einbauen.

Kraulschwimmen
Was spricht u.a. für das Kraulschwimmen als Anfängerschwimmart?

- Das Kraulen ist die schnellste Schwimmtechnik, was manche Kinder besonders motiviert.
- Das Kraulschwimmen ist eine Wechselschlagschwimmart, die als eine natürliche Bewegungsform gilt. In Form des Krabbelns, Gehens und Laufens ist sie grundlegend vorbereitet worden. Der Schwimmanfänger kann dementsprechend auf Bewegungserfahrungen zurückgreifen, d.h. ein Lerntransfer ist möglich.
- Durch das Gleiten in der Brustlage wird ein guter Einstieg ermöglicht.
- Es gibt viele Gemeinsamkeiten zum Rückenkraulen.
- Die Wirbelsäule wird mobilisiert, die Atmung und der Kreislauf insgesamt werden besonders gut angesprochen.
- Arm- und Beinbewegungen lassen sich gut in Spielformen einbauen.
- In Amerika und Australien ist das Kraulschwimmen die Anfängerschwimmart.

3 Mit welcher Schwimmart anfangen?

Was spricht u.a. gegen das Kraulschwimmen als Anfängerschwimmart?

- Die Orientierung ist beim Kraulschwimmen eingeschränkt, das kann manchmal zu Unsicherheit führen.
- Hinweise und Tipps des Sportlehrers vom Beckenrand kommen beim Schwimmanfänger meistens nicht an – d.h. werden nicht gehört.
- Die Atmungskoordination ist für Kinder häufig schwer zu erlernen.
- Das Kraulschwimmen stellt insgesamt hohe motorische Anforderungen (Armkraft und Kondition), die manche Schwimmanfänger überfordern.
- Im Gegensatz zum Brustschwimmen ist es anfangs beim Kraulschwimmen aufgrund der motorischen Anforderungen nicht möglich sich zu entspannen.

Rückenkraulschwimmen
Was spricht u.a. für das Rückenschwimmen als Anfängerschwimmart?

- Das Rückenschwimmen ist eine Wechselschlagschwimmart, die als eine natürliche Bewegungsform gilt. Der Schwimmanfänger kann auf Bewegungserfahrungen zurückgreifen, ein Lerntransfer ist möglich. Es gibt viele Gemeinsamkeiten mit dem Kraulschwimmen.
- Die Atmung beim Rückenschwimmen ist leicht zu erlernen und anzuwenden.
- Der Schwimmanfänger kann seinen Beinschlag gut beobachten und kontrollieren.
- Die Wirbelsäule und der Schultergürtel werden mobilisiert, die Rückenmuskulatur wird gekräftigt und der Brustkorb gedehnt.
- Viele Übungen lassen sich gut in Spielformen einbauen.

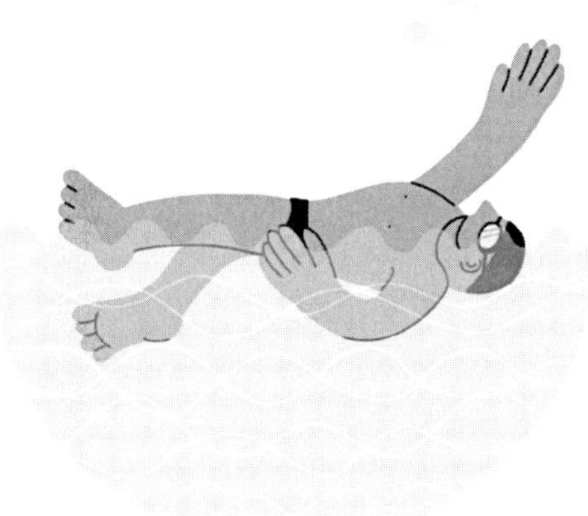

Was spricht u.a. gegen das Rückenschwimmen als Anfängerschwimmart?

- Manche Kinder haben Probleme, die Rückenlage im Wasser einzunehmen.
- Die Orientierung beim Rückenschwimmen ohne den Blick nach vorn bereitet manchen Kindern Schwierigkeiten und führt zu Unsicherheit bzw. Angst: „Man sieht nicht, wohin man schwimmt, fürchtet sich, an eine Wand zu stoßen etc.“
- Hinweise des Sportlehrers vom Beckenrand kann das Kind nur eingeschränkt hören.
- Viele Schwimmanfänger haben beim Rückenschwimmen nur einen geringen Vortrieb, einen wenig effektiven Armeinsatz und geringe Armkraft.
- Das Gesicht wird vom Wasser um- oder überspült, Atmungsprobleme bis hin zum Unterbrechen des Schwimmens sind die Folge.
- Manche Schwimmanfänger neigen dazu, sich ins Wasser zu setzen anstatt sich lang zu strecken.
- In überfüllten Bädern ist das Rückenschwimmen nicht durchführbar.

Mit welcher Schwimmart anfangen?

Schlussfolgerungen

Trotz der aufgeführten Punkte und aller Überlegungen ist und bleibt die Wahl der Anfängerschwimmart eine schwierige Frage. Erkennbar gibt es wichtige Gründe, die für die Einführung des Brustschwimmens sprechen. Ebenso gibt es aber auch nachvollziehbare Punkte, die für den Beginn mit dem Kraul- oder Rückenschwimmen sprechen.

Neben der Betrachtung und dem Vergleich der einzelnen Schwimmarten bei der Wahl der Anfangsschwimmart spielen aber auch die jeweiligen Rahmenbedingungen des Schwimmunterrichts vor Ort und die ganz persönlichen Kenntnisse und Erfahrungen des Sportlehrers eine große Rolle. Beherrscht der Sportlehrer bestimmte Schwimmtechniken überhaupt nicht, so wird er diese auch nicht vermitteln können.

Letztlich muss der Sportlehrer vor Ort unter Berücksichtigung seiner eigenen Fähigkeiten/ Möglichkeiten und unter Beachtung der motorischen Voraussetzungen der Jungen und Mädchen zu seiner eigenen Lösung kommen.

Wichtige Hinweise und Tipps

- Wie schon erwähnt ist Deutschland eine der wenigen Nationen, in denen meistens mit dem Brustschwimmen anstatt mit dem leichteren Kraul- und Rückenschwimmen begonnen wird.
- Die neue Anfängermethodik – u.a. weil das kindliche Körpergedächtnis an andere Wechselbewegungen anknüpfen kann – favorisiert eindeutig das Kraulschwimmen als erste Schwimmart.
- Wird eine vielseitige sportliche Schwimmausbildung angestrebt, so ist der Einstieg über das Kraulschwimmen auch wegen des Erlernens anderer Schwimmarten (Lerntransfer) vorzuziehen.

Schwimmabzeichen für Kinder

Schwimmabzeichen gibt es seit den 70-er Jahren und werden seitdem vom BFS (Bundesverband zur Förderung der Schwimmausbildung) herausgegeben. Wer eine Prüfung besteht, kann sich ein Schwimmabzeichen auf die Badehose oder den Badeanzug nähen. Aber welche Schwimmabzeichen gibt es eigentlich?

Seepferdchen (Frühschwimmerabzeichen)

Die Anforderungen für das Frühschwimmerabzeichen sind:

- Sprung vom Beckenrand
- im Anschluss 25 m Schwimmen
- Heraufholen eines Gegenstands aus schultertiefem Wasser
- Kenntnis der Baderegeln

Klingt an sich einfach, ist aber für Schwimmanfänger schon eine ziemliche Herausforderung. Besonders der Sprung vom Beckenrand und die aus Kindersicht große Distanz von 25 m ohne Pause durchzuschwimmen ist nicht leicht.

Ein Kind, welches das Seepferdchen geschafft hat, ist noch kein sicherer Schwimmer. Es ist nur in der Lage sich über 25 m über Wasser zu halten. Sicher wird man nur, wenn man regelmäßig weiter übt und am besten die Schwimmabzeichen erwirbt.

Schwimmen lernen & üben
praxisnah und anschaulich – Bestell-Nr. 12 715

3 Mit welcher Schwimmart anfangen?

Jugendschwimmabzeichen in Bronze

Für dieses Abzeichen wird schon einiges mehr gefordert. Damit das Kind gar nicht erst die Lust verliert, sollte es gleich motiviert werden weiterzumachen. Die Anforderungen für das bronzene Schwimmabzeichen sind:

- Sprung vom Beckenrand
- im Anschluss 200 m Schwimmen in höchstens 15 min
- Heraufholen eines Gegenstands aus 2 m Tiefe
- Sprung aus 1 m Höhe oder Startsprung
- Kenntnis der Baderegeln

Jugendschwimmabzeichen in Silber

Mit dem silbernen Schwimmabzeichen steigen die Anforderungen. Diese sind:

- Startsprung vom Beckenrand
- im Anschluss 400 m Schwimmen in höchstens 25 min, davon 300 m in Bauch- und 100 m in Rückenlage
- zweimal Heraufholen eines Gegenstands aus 2 m Tiefe
- 10 m Streckentauchen
- Sprung vom 3 m-Brett
- Kenntnis der Baderegeln und Verhalten zur Selbstrettung

Jugendschwimmabzeichen in Gold

Um das Jugendschwimmabzeichen in Gold zu erwerben, muss das Kind mindestens 9 Jahre alt sein. Die Anforderungen sind recht hoch und benötigen eine gewisse körperliche Entwicklung des Kindes. Diese sind:

- 600 m Schwimmen in höchstens 24 min
- 50 m Brustschwimmen in höchstens 70 Sekunden
- 25 m Kraulschwimmen
- 50 m Rückenschwimmen mit Grätschschwung ohne Armtätigkeit oder 50 m Rückenkraulschwimmen
- in 3 min mit höchstens 3 Versuchen Heraufholen von 3 Gegenständen aus 2 m Tiefe
- 15 m Streckentauchen
- Sprung vom 3-Meter-Brett
- 50 m Transportschwimmen (Schieben oder Ziehen einer Person)
- Kenntnis der Baderegeln sowie der Hilfe bei Bade-, Boots- und Eisunfällen (Selbstrettung und einfache Fremdrettung)

Das goldene Schwimmabzeichen stellt also schon hohe Anforderungen, insbesondere auch wegen der verschiedenen Schwimmtechniken wie Kraul- und Rückenschwimmen.

4 Schwimmunterricht planen und durchführen – Checkliste

Lehrkräfte, die die Wassergewöhnung und den Schwimmunterricht erteilen, müssen über die entsprechende Eignung und Erfahrung verfügen.

- Sie sollten die erforderlichen fachlichen Voraussetzungen erfüllen und über die Didaktik-Methodik des Anfängerschwimmens Bescheid wissen.
- Sie müssen die Grundsätze der Aufsichtsführung kennen und beachten, rettungsfähig sein und Erste Hilfe leisten können.
- Bei der Planung und Organisation des Schwimmunterrichts sind nicht nur der Wasserbereich, sondern auch die Wege von den Umkleideräumen zu den Duschen und von den Duschen zum Schwimmbecken zu beaufsichtigen.
- Anwendungsbereite Kenntnisse über den Ablauf vor, während und nach dem Unterricht sowie über Inhalte der Schwimmhallenordnung und der Baderegeln gewährleisten einen sicheren und unfallfreien Schwimmunterricht.[1]

Der Sportlehrer vor Ort muss sich gerade beim Schwimmunterricht insbesondere mit der Aufsicht und Organisation beschäftigen. Es gelten immer die jeweiligen landesspezifischen Vorgaben/Erlasse der zuständigen Behörde (meistens Kultusministerium).

<u>Beispiel: Niedersachsen</u>

Ein Zitat aus: „Bestimmungen für den Schulsport“[2] – 3.1 Bewegungsfeld „Schwimmen, Tauchen und Wasserspringen“:

Die Sorgfalts- und Aufsichtspflichten gelten für den Zeitraum des Aufenthaltes vom Betreten bis zum Verlassen des Schwimmstätte.

<u>Beispiel: Bayern</u>

Ein Zitat aus: „Durchführung von Schwimmunterricht an Schulen“[3]:

Der Schwimmunterricht ist entsprechend den Lehrplänen für das Fach Sport fester Bestandteil des Sportunterrichts in allen Schularten. In Zusammenarbeit mit den Schulaufwandsträgern sind alle Maßnahmen zu ergreifen, um die Durchführung des Schwimmunterrichts sicherzustellen.

---

[1] Sächsisches Staatsministerium für Kultus: Lehrplan Grundschule - Sport, S. 22

[2] www.mk.niedersachsen.de/startseite/aktuelles/aktuelle_erlasse_und_gesetze/erlass-bestimmungen-fuer-den-schulsport-173728.html

[3] www.km.bayern.de/download/940_schwimmunterricht.pdf

Schwimmen lernen & üben praxisnah und anschaulich – Bestell-Nr. 12 715

4 Schwimmunterricht planen und durchführen – Checkliste

Im Folgenden werden einige wichtige Punkte genannt, die unabhängig von den gesetzlichen (länderspezifischen) Vorgaben vor Ort und in jeder Schwimmstunde von Bedeutung sind und beachtet und evtl. ergänzt werden sollten. Diese Angaben erheben keinen Anspruch auf Vollständigkeit.

Stichwort	Maßnahme / Organisation / Methodik
Vollzähligkeit der Klasse/ Lerngruppe	– vor dem Betreten des Schwimmbades; – vor dem Beginn des Schwimmunterrichts; – nach Beendigung des Schwimmunterrichts; – nach Verlassen des Schwimmbades
im Schwimmbad	– möglichst immer die gleichen Sammel- und Zählstellen sowie gleiche Umkleidemöglichkeiten nutzen; – eingehend über die Verhaltensweisen und Sicherheitsvorkehrungen im Schwimmbad informieren; – benötigtes Zusatzmaterial wie Schwimmbretter, „Pull Buoys“, „Pool Noodle“ (= Schwimmnudel) etc. vorher bereitlegen
vor und nach dem Schwimmunterricht	– Sammelpunkte nach dem Eintreffen (Aussteigen aus dem Bus) und auch nach dem Verlassen des Schwimmbades festlegen; – klare Regelungen ansagen und Maßnahmen für Kinder umsetzen, die nicht mitschwimmen (Krankheit oder Schwimmzeug vergessen etc.); – Regeln immer wieder in Erinnerung bringen; – Der Sportlehrer betritt als erster die Schwimmhalle und verlässt diese als letzter. Er stellt sicher, dass kein Kind mehr im Becken bzw. im Schwimmbad (Gebäude) ist.
Standort der Lehrkraft	– so wählen, dass alle im Wasser befindlichen Kinder zu sehen sind, damit eine Gefährdung jederzeit erkannt und bei Bedarf schnell reagiert werden kann; – evtl. während des Schwimmunterrichts verändern
Bewegungs- und Wasserzeit	– Pünktlichkeit, gutes Zeitmanagement, straffe Organisation; – sich möglichst viel im Wasser aufhalten, lange Wartezeiten durch entsprechende Übungsformen vermeiden
Ansagen und Zeichen/ Gesten	– klare und verständliche (kindgerechte) Ansagen; – Besprechung der Zeichen/Gesten und ihre Bedeutung; – Demonstration und Visualisierung der Aufgaben und Übungen
Methodenvielfalt	– Anwendung von Bewegungsaufgaben und -anweisungen; – Wechsel zwischen ganzheitlichem und elementhaftem Vorgehen; – Einsatz von Lernhilfen usw.
individuelles Fördern	– innere Differenzierung vornehmen, Aufgabenstellung individualisieren, ängstliche Kinder unterstützen, leistungsstarke Kinder fordern etc.

4 Schwimmunterricht planen und durchführen – Checkliste

Schwimmhilfen im Schwimmunterricht

Schwimmhilfen sind Gegenstände, die im Wasser den natürlichen Auftrieb unterstützen. Sie sind meistens aus leichtem Schaumstoff oder aufblasbar. Immer wieder taucht die Frage nach Hilfsmitteln/Schwimmhilfen und deren Einsatz im Schwimmunterricht auf. Schwimmhilfen ersetzen keine schwimmerischen Grundfertigkeiten. Sie können aber beim Lernen und Üben schwimmerischer Grundfertigkeiten und später beim Lernen der Schwimmtechniken eingesetzt werden.

Schwimmhilfen sollten so wenig wie möglich und so viel wie nötig eingesetzt werden.

Kinder sollten vor allem mit ihrem eigenen Körper möglichst vielfältige Wassererfahrungen machen, das Element Wasser spüren und damit umgehen können. Schwimmhilfen können im Wasser immer nur Auftriebshilfen sein. Sie bieten keine Sicherheit.

Hilfsmittel im Schwimmunterricht:

- Schwimmbrett
- Pull Buoy
- Schwimmnudel
- Schwimmbrille
- Schwimmflügel
- Schwimmgürtel
- Schwimmreifen
- Schwimmflossen

Schwimmbrett

So können z.B. Schwimmbretter und -nudeln häufig beim Gleiten in Bauch- und Rückenlage und später auch beim Lernen der jeweiligen Schwimmtechnik eingesetzt werden. Pull Buoys sind Hilfsmittel, die häufig beim Schulen und Verbessern der Schwimmtechniken zum Einsatz kommen. Die Hilfsmittel machen es auch möglich, in verschiedenen Schwierigkeitsstufen zu üben (innere Differenzierung).

Schwimmnudel

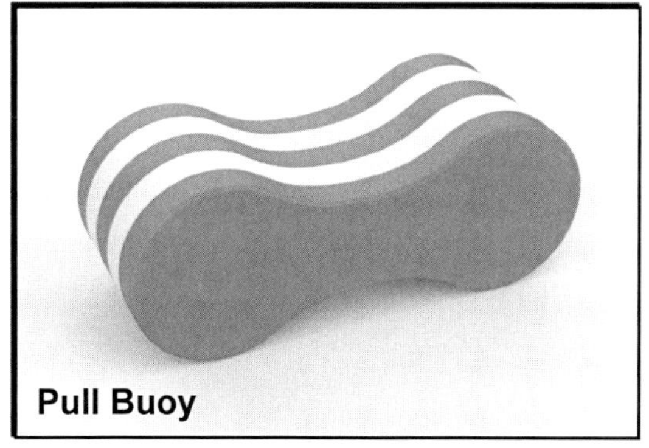
Pull Buoy

Taucherbrillen sollten erst dann zum Einsatz kommen, wenn das Kind eine Bahn schwimmen, seine Augen unter Wasser öffnen und sich orientieren kann.

Schwimmen lernen & üben praxisnah und anschaulich – Bestell-Nr. 12 715

5 Voraussetzungen schaffen: Schweben und Gleiten – Bauchlage – Rückenlage – Lagewechsel

Wozu benötigt das Kind die Fähigkeiten des Schwebens und Gleitens im Wasser, wenn es doch bloß schwimmen lernen soll?

Dem eigentlichen Lernprozess „Schwimmen lernen“ geht immer eine umfangreiche Wassergewöhnungsphase voraus. Die schwimmerischen Grundfertigkeiten wie Tauchen mit Öffnen der Augen, Springen mit Sprung ins Wasser von einer leicht erhöhten Absprungsstelle, Atmen (= bewusstes und regelmäßiges Aus- und Einatmen), Gleiten in Bauch- und Rückenlage und Fortbewegen durch Einsatz der Extremitäten werden in der Fachliteratur ausführlich beschrieben.

Wenn Kinder schwimmen lernen sollen, wird erfahrungsgemäß mit dem „Schweben“ begonnen. Die Erfahrung, dass das Wasser den Körper trägt, ist für Kinder immer wieder emotional beeindruckend.

In diesem Buch wird insbesondere das „Schweben“ und das „Gleiten“ als ganz wichtige Voraussetzungen für das Erlernen einer Schwimmtechnik beschrieben und mit vielfältigen Übungen veranschaulicht.

Schweben und Gleiten sind unverzichtbare Fertigkeiten, die für das Erlernen jeder Schwimmtechnik von großer Bedeutung sind und deshalb immer am Anfang des Lernprozesses „Schwimmen lernen“ erlernt/geübt bzw. wiederholt werden sollten. Das Verharren des Kindes auf gleicher Höhe im Wasser ist ein wichtiger Lernschritt beim Erlernen einer Schwimmtechnik.

Schweben vermittelt das Gefühl, vom Wasser getragen zu werden. Schweben wird als Grundfertigkeit des Schwimmens angesehen und sollte daher immer angewendet, geübt und vervollkommnet werden. Der Schwimmschüler muss lernen, die horizontale Lage im Wasser einzunehmen und dabei seinen Körper auszubalancieren. Beim Schweben ist die Position des Kopfes, der Arme und Beine wichtig. Ausgebreitete Arme helfen kleineren Kindern beim Halten des Gleichgewichts in der Bauch- und Rückenlage.

Ziel: Streckschwebe in der Bauch- und Rückenlage

- Das Schweben vermittelt das Gefühl, dass man vom Wasser getragen wird.
- Die Kinder erfahren den Auftrieb in verschiedenen Positionen.
- Eine korrekte Kopfhaltung in Bauch- und Rückenlage unterstützt das Schweben und das Gleiten: Hals und Kopf bilden die Verlängerung der Wirbelsäule und die Nackenmuskulatur ist entspannt.
- Kindern sollten versuchen, verschiedene Schwebepositionen im Wasser einzunehmen.

Tipp: Als Auftriebshilfe für die Streckschwebe kann anfangs auch ein Pull Buoy zwischen die Oberschenkel geklemmt werden.

Auch hier gilt: möglichst das neu zu erlernende Element an bekannte Übungen anknüpfen.

5

Voraussetzungen schaffen: Schweben und Gleiten – Bauchlage – Rückenlage – Lagewechsel

Grundübungen zur Streckschwebe

- Anfangs aus der Liegestützposition an einer Treppenstufe des Lehrschwimmbeckens und/oder im flachen Wasser die Hände vom Boden lösen und ausbreiten. So gelangt man über die Teilkörper- zur Ganzkörperschwebe.
- Im hüft- bis brusthohen Wasser: aus Grätschstand mit Armen in der Seithochhalte sich in die Bauchlage umfallen lassen und dabei lernen, den Körper auszubalancieren.

<u>Schweben in Bauchlage</u>: Kopf liegt zwischen den Armen, Gesicht ist im Wasser.

<u>Aufstehen aus der Bauchlage</u>: Die Arme und Hände werden kräftig nach unten gedrückt und unterstützen das gleichzeitige Anhocken der Beine.

- Im hüft- bis brusthohen Wasser: Grätschstand mit Armen in der Seithochhalte sich behutsam in die Rückenlage begeben und schwebend wie ein Seestern auf das Wasser legen. Der Blick geht zur Decke, die gestreckten Arme und Beine balancieren den Körper aus.

<u>Schweben in Rückenlage</u>: Kopf liegt auf dem Wasser, Hüfte hoch halten.

<u>Aufstehen aus der Rückenlage</u>: Die Arme unterstützen das Aufrichten des Oberkörpers und das Anhocken der Beine.

Weitere Übungen zur Streckschwebe

- In die Streckschwebe (in Bauch- oder Rückenlage) gehen, dann:
  - Die Beine grätschen und wieder schließen.
  - Mit den Beinen Fahrrad fahren.
  - Die Knie zugleich oder im Wechsel anhocken.
  - Kraulbeinschlag ausführen.

Diese Übungen zu zweit nebeneinander oder gegenüber ausführen.

- In der Rückenlage schweben und wie gewohnt aufstehen. Anschließend sofort in der Bauchlage schweben und danach wie gewohnt aufstehen.

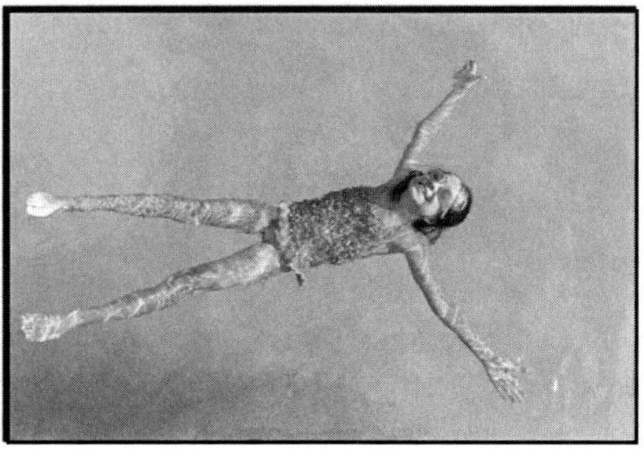

- Streckschwebe, aber aus einer Lage in die andere Lage drehen, z.B. aus der Rückenlage in die Bauchlage und aus der Bauchlage in die Rückenlage drehen.
- In der Streckschwebe einzelne Körperteile (einen Arm, ein Bein, Kopf) aus dem Wasser heben und beobachten, was passiert.
- Streckschwebe einnehmen und danach intensiv ausatmen und den Körper absinken lassen.
- Innenstirnkreis mit Handfassung: Jedes zweite Kind legt sich auf den Rücken, die anderen Kinder geben den nötigen Halt. Anschließend Rollentausch vornehmen.

- Innenstirnkreis mit Handfassung: jedes zweite Kind geht in die Rückenlage und hockt anschließend die Beine an. Anschließend Rollentausch vornehmen.
- Wie vorher, aber in der Bauchlage.
- Innenstirnkreis mit Handfassung im hüft- bis brusttiefen Wasser: Alle Kinder gehen in die Streckschwebe in der Bauch- und/oder Rückenlage.

Schwimmen lernen & üben praxisnah und anschaulich – Bestell-Nr. 12 715
KOHL VERLAG

5 Voraussetzungen schaffen: Schweben und Gleiten – Bauchlage – Rückenlage – Lagewechsel

Hockschwebe

- Einatmen und mit beiden Händen die Beine umfassen. In dieser „Päckchen"-Haltung möglichst lange verharren und den Körper auspendeln lassen. Im Wasser ausatmen und die Beine strecken und zum Stand kommen.
- Dreimal wiederholen und nach den Erfahrungen der Kinder fragen, die Hockschwebe mit eigenen Worten beschreiben.
- Wie vorher, aber „Päckchen" lösen und Arme und Beine strecken.
- In die Streckschwebe in Bauchlage übergehen.
- In der Hockschwebe Arme und Beine strecken und grätschen – „Seestern".
- Hockschwebe auflösen, Arme und Beine strecken und in die Streckschwebe in Rückenlage übergehen.
- In der Hockschwebe immer wieder die Beine und Arme strecken; danach wieder in die Hockschwebe zurückkommen.

Das Beherrschen der Streckschwebe in der Bauch- und Rückenlage ist die Voraussetzung für das Gleiten.
Erst wenn das Schweben sicher beherrscht wird, kann mit dem Gleiten begonnen werden.

Gleiten

Das Gleiten ist eine Grundvoraussetzung (die Basis) für alle zu erlernenden Schwimmtechniken. Eine strömungsgünstige Position einnehmen zu können, ist eine wesentliche Voraussetzung, um sich sicher im Wasser zu bewegen und Schwimmtechniken zu erlernen.

Das freie Gleiten ist der Schritt vom Nichtschwimmer zum Schwimmer.
Gleiten ist Schweben in Fortbewegung ohne Zuhilfenahme von Armen und Beinen.[1]

Sicheres Gleiten verleiht dem Schwimmschüler eine optimale Wasserlage und ermöglicht ein schrittweises ganzheitliches Vorgehen beim Erlernen der jeweiligen Schwimmtechnik. Beim Gleiten (in der Bauch- oder Rückenlage) sind die Arme immer über dem Kopf gestreckt. Die Hände werden knapp unter der Wasseroberfläche geführt.

Es wird zwischen dem Gleiten in der Bauch-, Rücken- und Seitenlage unterschieden.

Auch der Lagewechsel sollte beim Gleiten nicht vergessen werden, d.h. der Wechsel von einer Lage in die andere. „Wie komme ich gleitend vom Bauch auf den Rücken und zurück?" Beim Gleiten in der Bauchlage mit einer Drehung um die Längsachse („Korkenzieher") in die Rückenlage kommen und zurück.

Gleiten in der Bauchlage

- Die Arme sind beim Gleiten in jeder Lage immer gestreckt.
- In der Bauchlage liegen die Hände dabei knapp unter der Wasseroberfläche.
- In der Bauchlage liegt der Kopf des Kindes mit dem Gesicht nach unten im Wasser, die Ohren befinden sich zwischen den Armen.

[1] Ausbilderhandbuch Schwimmen der DLRG, Neuauflage 2007

5 Voraussetzungen schaffen: Schweben und Gleiten – Bauchlage – Rückenlage – Lagewechsel

Bei manchen Kindern sind die Übungen anfangs mit Unterstützung des Sportlehrers erforderlich, um den Übergang vom Schweben zum Gleiten reibungslos zu gestalten.

Passives und aktives Gleiten

Bei den ersten Übungen steht das passive Gleiten im Vordergrund. Beim passiven Gleiten unterstützt der Sportlehrer oder auch ein Mitschüler den Übenden mit Handfassung und/oder in Kombination mit einem Schwimmbrett. Auf der einen Seite ist der Übende, auf der anderen Seite befindet sich der Helfer.

Bei den Folgeübungen wird dann Schritt für Schritt der Abstand zum Helfer vergrößert, z.B. durch gestreckte Arme, während dieser den Übenden zieht. Der Übergang zum aktiven Gleiten kann so gestaltet werden, dass der Helfer das Schwimmbrett kurz loslässt und schnell wieder zufasst.

Passives Gleiten

- Das Kind sitzt auf der Treppe des Lehrschwimmbeckens und streckt die Arme nach vorn. Der Sportlehrer fasst die Hände und zieht es nun in Gleitposition ein Stück durch das Wasser.
- Wie vorher, aber das Kind sollte am Ende des Gleitens möglichst selbst aufstehen können, d.h. die Beine anhocken und in den Stand kommen.
- Wie vorher, aber der Sportlehrer zieht ein Schwimmbrett, an dem sich das Kind festhält, durch das Wasser. Dadurch wird der Abstand zwischen Schwimmschüler und Sportlehrer etwas vergrößert.
- Wie vorher, aber mit einer Pool Noodle. Dadurch wird die Distanz zwischen Kind und Helfendem nochmal erweitert.
- Wie vorher, aber als Übergang zum aktiven Gleiten lässt der Sportlehrer das Schwimmbrett nach einer kurzen Gleitphase los.

Aktives Gleiten in der Bauchlage

- Gleiten mit Abstoß an der Treppenstufe: Sitz auf der Treppenstufe des Lehrschwimmbeckens, mit gestreckten Armen in Vorhalte, abstoßen und in waagerechter Körperlage vorwärts gleiten – zum Sportlehrer hin.

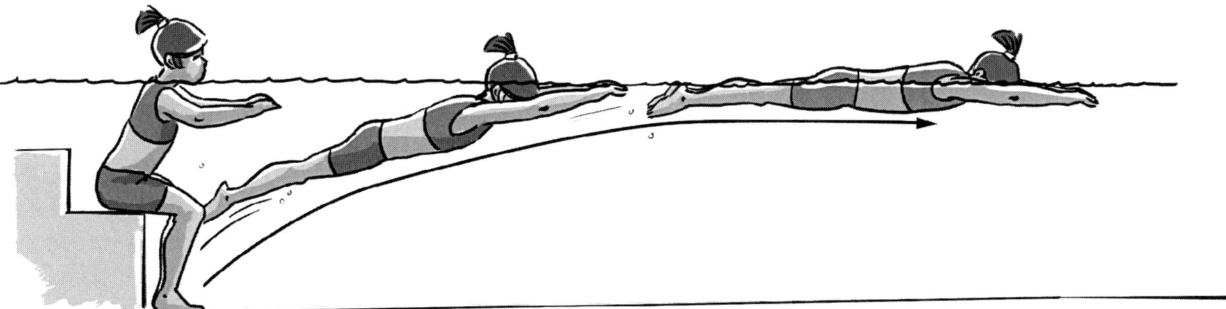

<u>Hinweise</u>: Der Sportlehrer überwacht diese Übungen und greift nur dann ein, wenn es zu Problemen kommt.

Diese Übung kann evtl. auch zunächst mit einem Schwimmbrett ausgeführt werden. Die Ohren werden zwischen den Armen eingeklemmt, der Blick geht nach vorn-unten.

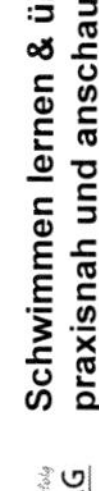

5 Voraussetzungen schaffen: Schweben und Gleiten – Bauchlage – Rückenlage – Lagewechsel

- Gleiten mit Abstoßen vom Beckenrand: Sich rücklings an den Rand des Schwimmbeckens stellen. Die Arme sind gestreckt, das Schwimmbrett ist in Vorhalte. Ein Bein anwinkeln und die Fußsohle an die Beckenwand stellen, sich leicht nach vorn kippen lassen und sich mit einem Fuß oder beiden Füßen abstoßen.

Hinweise: Die Ohren werden zwischen den Armen eingeklemmt, der Blick geht nach vorn.

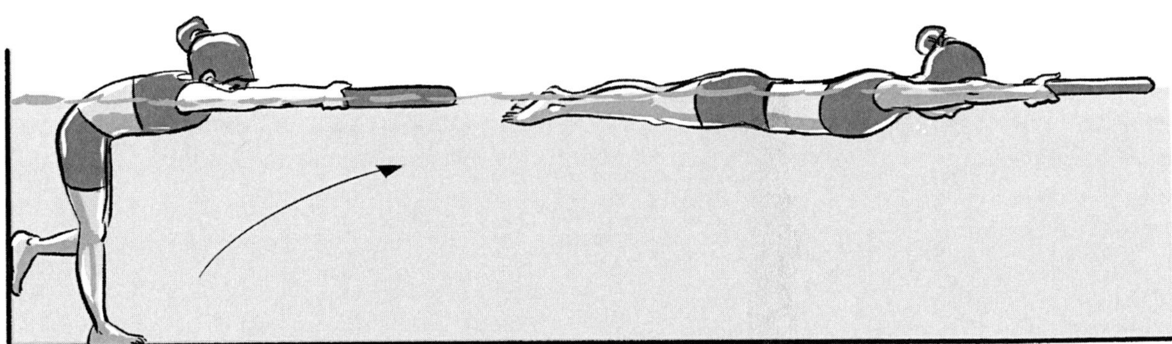

- Wie weit kommst du? Wie lange reicht der Schwung? Erreichst du den Sportlehrer?
- Wie vorher, am Ende des Gleitens die Beine anhocken und zum Stand kommen.
- Zu zweit und zu dritt nebeneinander. Wer gleitet am weitesten?
- Nach ca. 2-3 m Gleitphase die Beine kurz anhocken und wieder strecken.
- Mit dem Rücken zur Beckenwand: Arme in Hochhalte, einen Fuß an die Wand setzen, Arme und Gesicht ins Wasser legen und sich kräftig von der Wand abstoßen. So weit wie möglich gleiten. So oft wie möglich wiederholen.
- Zu zweit: Ein Kind legt sich in die Bauchlage und wird vom Partner an einem Tennisring, an einer Schwimmsprosse oder an der Pool Noodle vorwärts gezogen. Später Rollentausch vornehmen.
- Zu zweit: Ein Kind legt sich in die Bauchgleitlage und wird vom Partner an den Füßen vorwärts geschoben. Der Übende leitet das Ende des Gleitens selbst ein, indem er die Beine anhockt und zum Stand kommt. Anschließend Rollentausch vornehmen.
- Kettengleiten: Mehrere Kinder stehen nebeneinander an der Beckenwand. Der erste Partner stößt sich von der Beckenwand ab und gleitet, sofort danach stößt sich der zweite Partner ab. Das Abstoßen des zweiten Kindes ist der Start für den dritten Schwimmer usw.

Voraussetzungen schaffen: Schweben und Gleiten – Bauchlage – Rückenlage – Lagewechsel

Gleiten – Rückenlage

Nachdem das Gleiten in der Bauchlage mit etlichen Wiederholungen sicher geworden ist, muss nun das Gleiten in der Rückenlage angesprochen und geübt werden, um wichtige Voraussetzungen für das Rückenschwimmen zu schaffen.

Das Halten der gestreckten Arme über Kopf gilt für alle Übungen in der Rückenlage, um Verletzungen im Kopfbereich zu vermeiden. Wenn das bei einer beabsichtigten Übung nicht geschehen kann, sichert der Partner den Übenden ab.

Gleiten in der Rückenlage

- In der **Rückenlage** werden die Arme in Schwimmrichtung ausgestreckt, die Daumen können dabei ineinander verhakt sein.
- In der **Rückenlage** liegt der Kopf des Kindes mit den Ohren zwischen den Armen, der Blick geht leicht schräg hoch in Richtung Füße.

Hinweise: Grundsätzlich kann die bekannte methodische Vorgehensweise des Gleitens in der Bauchlage auch beim Lernen des Gleitens in der Rückenlage angewandt werden. Die Rückenlage ist den Kindern durch das Üben der Streckschwebe bekannt. Auch hier wird wieder an bekannte Übungen angeknüpft.

Passives Gleiten

- Ausgehend von der bekannten Streckschwebe bietet sich folgende Übung an, sich aufs Wasser legen in die Rückenlage. Der Partner zieht den Übenden langsam in Bewegungsrichtung an den Schultern durch das Wasser.

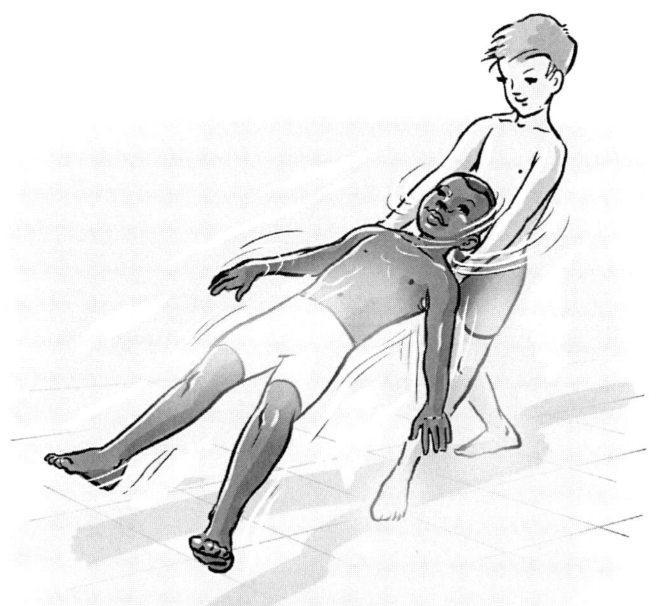

Hinweise: Bei manchen Kindern übernimmt der Sportlehrer die Hilfe. Der Schwimmschüler liegt mit gestrecktem Körper an der Wasseroberfläche, die Arme liegen locker neben dem Körper, der Kopf liegt auf dem Wasser.

Das Aufstehen aus der Rückenlage ist bekannt: Die Arme unterstützen das Aufrichten des Oberkörpers und das Anhocken der Beine.

- Mit über Kopf gestreckten Armen und gehaltenem Schwimmbrett in die Rückenlage auf das Wasser legen. Der Partner fasst das Schwimmbrett und zieht den Übenden langsam in Bewegungsrichtung.

Hinweise: Der Schwimmschüler liegt mit gestrecktem Körper an der Wasseroberfläche. Die Arme sind zusammen und gestreckt. Der Kopf des Schwimmschülers liegt mit den Ohren zwischen den Armen, der Blick ist nach oben gerichtet. Übungen mit dem Schwimmbrett geben dem Schwimmschüler Sicherheit.

- Wie vorher, beim Gleiten rückwärts löst der Helfer kurz die Hände, sodass der Übende kurz „frei rückwärts gleitet“, fasst dann aber wieder schnell zu und setzt die Übung fort.

Schwimmen lernen & üben praxisnah und anschaulich – Bestell-Nr. 12 715

5 Voraussetzungen schaffen: Schweben und Gleiten – Bauchlage – Rückenlage – Lagewechsel

- Mit über Kopf gestreckten Armen (mit oder ohne Schwimmbrett) in die Rückenlage auf das Wasser legen. Der Partner fasst die Füße (Fußgelenke) und schiebt den Übenden langsam in Bewegungsrichtung.

Hinweise: Der Schwimmschüler liegt mit gestrecktem Körper an der Wasseroberfläche. Die Arme sind zusammen und gestreckt. Der Kopf des Schwimmschülers liegt mit den Ohren zwischen den gestreckten Armen, der Blick ist nach oben gerichtet.

Aktives Gleiten

- Gleiten rückwärts mit Abstoß an der Treppenstufe: Hockstand auf einer Treppenstufe, der Rücken zeigt zum Wasser: Mit gehaltenem Schwimmbrett im Nacken sich in die Rückenlage aufs Wasser legen und sich mit den Füßen abstoßen.

Hinweise: Aufstehen aus der Rückenlage wie gewohnt.

- Wie vorher, aber versuchen, die Arme etwas mehr in die Streckung zu bringen und beim Gleiten auf die Streckung des Körpers an der Wasseroberfläche achten.
- Mit dem Bauch zur Beckenwand: Arme in Hochhalte, einen Fuß an die Wand setzen und in die Knie gehen. Den Kopf und die Arme auf das Wasser legen. Sobald die Ohren im Wasser sind, sich kräftig von der Wand abstoßen und mit Blick zur Decke soweit wie möglich gleiten.
- Wie vorher, aber unter Wasser: wer schafft es, sich zuerst unter Wasser abzusenken und dann abzustoßen? Versuchen, sich mit beiden Füßen abzustoßen.
- Gleiten rückwärts mit Abstoßen von der Beckenwand: Festhalten am Beckenrand oder der Überlaufrinne, die Füße werden gegen die Wand gestemmt, sodass die Knie gebeugt sind und das Gesäß sich fast in Höhe der Füße befindet. Nun die Hände vom Beckenrand lösen und sich mit den Füßen kräftig von der Wand abstoßen.

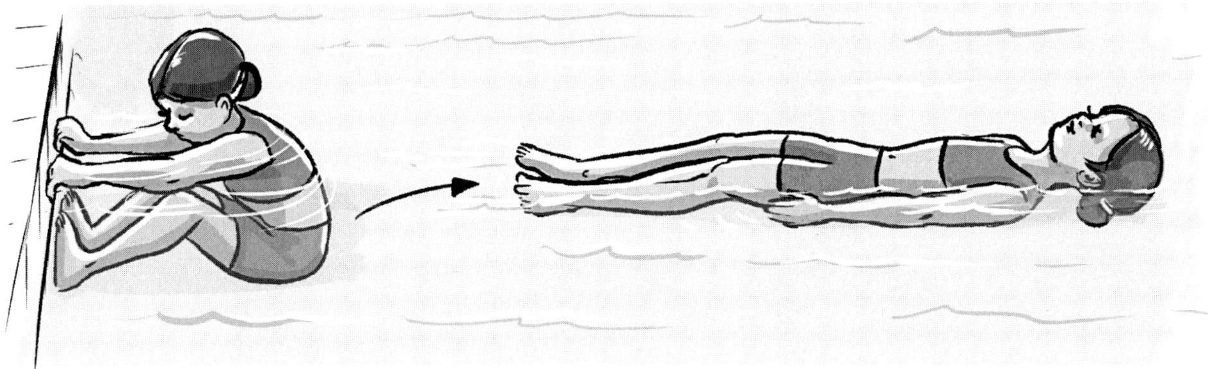

Hinweise: Die Beine werden beim Abstoßen völlig gestreckt. Die Arme liegen eng am Körper an den Oberschenkeln. Der Kopf liegt auf dem Wasser mit Blickrichtung zur Decke. Diese Lage (Bauch und Becken an der Wasseroberfläche) so lange halten, bis kein Vortrieb mehr spürbar ist. Dann wie gewohnt das Aufstehen einleiten.

- Wie weit kommst du? Wie lange reicht der Schwung?
- Zu zweit und zu dritt nebeneinander. Wer gleitet am weitesten?
- Nach ca. 2-3 m Gleitphase die Beine kurz anhocken und wieder strecken.

5

Voraussetzungen schaffen: Schweben und Gleiten – Bauchlage – Rückenlage – Lagewechsel

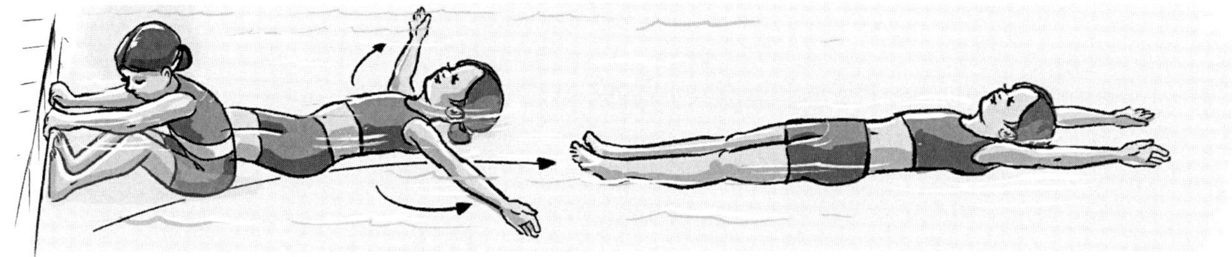

- Wie vorher, aber nach dem Lösen der Hände vom Beckenrand werden die Arme seitlich über den Kopf geschwungen und führen so den Körper in die Streckung.

Hinweise: Den Kopf etwas in den Nacken nehmen. Der gesamte Körper taucht in leichter Hohlkreuzhaltung in das Wasser ein und dann geht es in die Gleitphase über.

Diese Übung häufig wiederholen lassen und dabei immer die gestreckte Körperhaltung beachten.

- Wie weit kommst du in der Gleitphase? War der Abstoß kräftig genug?
- Wer gleitet in der Rückenlage am weitesten?

Lagewechsel – Wie komme ich vom Bauch auf den Rücken?

Lagewechsel können dann erlernt und geübt werden, wenn die Schwimmschüler das Gleiten in der Bauch- und Rückenlage sicher beherrschen.

Mit einem Lagewechsel wird die Rotation um die Längsachse unseres Körpers beschrieben, d.h. um über die Längsachse schnell von der Bauch- in die Rückenlage oder von der Rücken- in die Bauchlage zu kommen.

Die Rotation wird bei gestrecktem Körper durch die Drehung des Oberkörpers aus den Schultern heraus eingeleitet.

Für Kinder, die Probleme damit haben, kann diese Übung auch erst einmal auf dem Trockenen an Land auf einer Matte ausgeführt werden.

- Auf dem Rücken mit gestreckten Armen auf der Matte liegen. Sich nun seitwärts um die Längsachse zum Sportlehrer/Mitschüler drehen.

Hinweise: In der Turnsprache nennt man diese Bewegung „Wälzen“ (= Drehungen um die Längsachse im Gegensatz zum „Rollen“ = Drehungen um die Breitenachse).

Schwimmschüler, die den Lagewechsel ausführen können, sind im Wasser insgesamt sicherer und können sich im Wasser auch besser orientieren. Bei den Drehungen um die Längsachse möglichst immer die Augen öffnen und sich gleichermaßen in der Bauch- und Rückenlage orientieren.

Folgende Hinweise und Tipps helfen bei der Umsetzung:

- Bewegt euch wie ein „Korkenzieher“.
- Nutzt dabei den Vortrieb des Gleitens.
- Bleibt dabei immer möglichst in gestreckter Körperlage.
- Hilfsmittel wie Bälle und Pull Buoys in den Händen (gestreckte Arme) unterstützen die Drehung um die Längsachse.

Schwimmen lernen & üben praxisnah und anschaulich – Bestell-Nr. 12 715

5 Voraussetzungen schaffen: Schweben und Gleiten – Bauchlage – Rückenlage – Lagewechsel

- „Schaffst du es, von der Bauch- in die Rückenlage zu kommen?"

Eine Demonstration dieser Übung durch ein anderes Kind oder evtl. durch den Sportlehrer helfen zusätzlich dabei, die Bewegungsvorstellung zu vervollkommnen.

- Sich in der Bauchlage kräftig vom Beckenrand abstoßen, gestreckt durch das Wasser gleiten und dabei um die eigene Körperlängsachse und in die Rückenlage drehen.

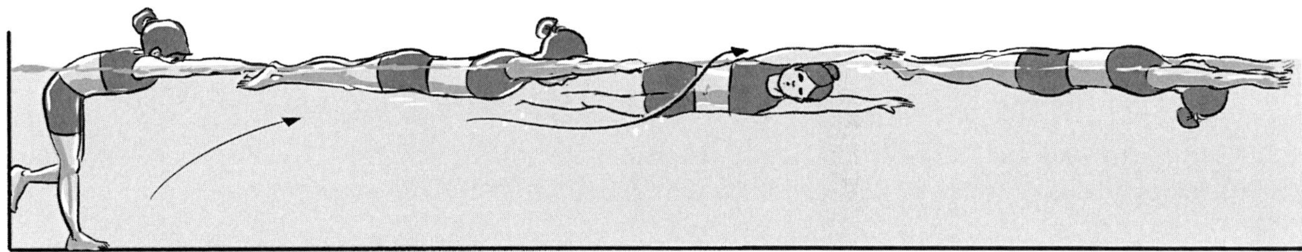

Hinweise: Den starken Vortrieb des Abstoßens bei der Drehung nutzen und immer in gestreckter Körperhaltung bleiben.

Manche Kinder werden diese Bewegungssaufgabe sofort umsetzen, d.h. die Drehung um die Längsachse sofort ausführen können.

- Sich in der Rückenlage kräftig vom Beckenrand abstoßen, gestreckt durch das Wasser gleiten und sich um die eigenen Körperlängsachse in die Bauchlage drehen.
- Lange in der Bauchlage mit dem Gesicht im Wasser vorwärts gleiten und sich erst spät in die Rückenlage drehen.
- Sich in der Bauchlage kräftig vom Beckenrand abstoßen und sich zunächst in die Rückenlage und anschließend wieder zurück in die Bauchlage drehen.
- Wer schafft es, während des Gleitens sich mehrmals um die eigene Achse zu drehen?
- Sich in der Bauch- oder Rückenlage kräftig vom Beckenrand abstoßen und den Wechselbeinschlag ausführen (Auf- und Abbewegungen der Beine aus der Hüfte heraus).
- Drehung von der Bauch- in die Rückenlage oder von der Rücken- in die Bauchlage, ohne die Vorwärtsbewegung zu unterbrechen.

Hinweise: Die Arme bleiben dabei immer gestreckt in der Vorhalte.

- In der Bauchlage kräftig vom Beckenrand abstoßen und sich nur um 90° drehen – so kommt man in die Seitenlage, bei der immer eine Körperhälfte aus dem Wasser ragt. Dabei den an der Wasseroberfläche befindlichen Arm nach unten am Körper anlegen. Zu beiden Seiten üben.

6 Brustschwimmen lernen und üben

Das Brustschwimmen ist eine der ältesten und verbreitetsten Schwimmarten. Schon 1904 wurde das Brustschwimmen in das Programm der Olympischen Spiele aufgenommen. Brustschwimmen ist die langsamste Schwimmart, da die Übergangsphase unter Wasser gegen die Fortbewegungsrichtung stattfindet.

Wenn es um das Schwimmenlernen geht, wird traditionell in Deutschland das Brustschwimmen als Anfangsschwimmart gelehrt und gelernt.

Die Technik des Brustschwimmens zählt aufgrund der Symmetrie ihrer Antriebsbewegungen zu den Gleichzugschwimmarten[1], d.h. Arme und Beine bewegen sich gleichkzeitig = symmetrisch. Alle Bewegungen werden in horizontaler Ebene ausgeführt. Beim Brustschwimmen wird der Vorwärtsschub sowohl durch die Bein- und die Armarbeit erzielt, die Arme und Beine lösen sich in ihrer Antriebsarbeit gegenseitig ab. Das Brustschwimmen ermöglicht eine gute Orientierung beim Schwimmen. Beim Brustschwimmen ist es wichtig, eine gute Koordination zwischen Beinen und Armen herzustellen, um keine Bremseffekte zu haben.

Der Vortrieb von Armen und Beinen erfolgt abwechselnd (phasenverschobene Arm- und Beinbewegung) und wird nach jedem Beinschub durch eine Gleitphase unterbrochen, die je nach Schwimmtempo unterschiedlich lang ist. Eine längere Gleitphase ist für Schwimmanfänger nicht ganz uninteressant, weil sie hilft „Kraft“ zu sparen und mehr Zeit für die Ausatmung ermöglicht.

Bewegungsbeschreibung – Grobform[2]

In Bauchlage werden die Arme unter der Wasseroberfläche gleichzeitig nach vorne gebracht. Die Handflächen zeigen dabei entweder nach unten oder zueinander. Sind die Arme fast gestreckt, werden sie nach außen bewegt und in einer runden Bewegung wieder unter die Brust gezogen. Dabei kommen Schultern und Kopf aus dem Wasser, wenn die Hände nach dem Armzug unter dem Kinn sind, wird eingeatmet. Zum Ausatmen wird das Gesicht wieder ins Wasser gelegt. Die Füße werden knapp unter der Wasseroberfläche in Richtung Gesäß angezogen, dadurch entsteht eine starke Beugung im Kniegelenk. Beim Umkehrpunkt werden die Fußspitzen auswärts gedreht und angezogen („Clownfüße). Danach erfolgt eine kreisförmige, schwungvolle Schlagbewegung der Unterschenkel (Schwunggrätsche).[3]
Sind die Beine nach hinten komplett gestreckt, erfolgt der nächste Armzug.

---

[1] Gleichzugschwimmart = gleichzeitige, gleichseitige Bewegungsform, z.B. Brustschwimmen, Schmetterlingsschwimmen
[2] Grobform = die Bewegung wird ausgeführt/gelingt, ist aber noch im Stadium der Grobkoordination (mit Ausführungsschwächen)
[3] Schwunggrätsche = Beinbewegung des Brustschwimmens

Schwimmen lernen & üben praxisnah und anschaulich – Bestell-Nr. 12 715

6 Brustschwimmen lernen und üben

Brustschwimmen in Phasen

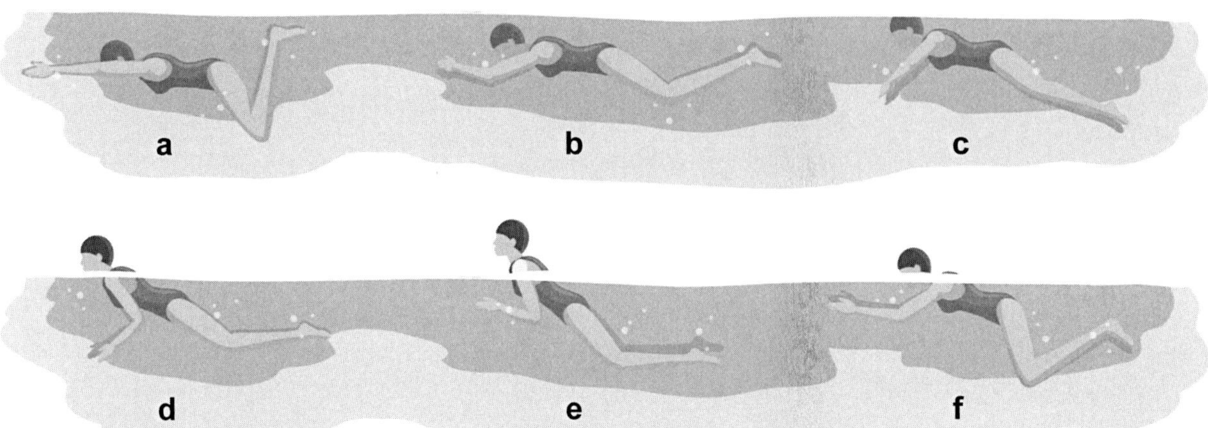

a + b + c) Bei jedem Armzug wechselt der Körper aus seiner flachen Körperlage in einen steileren Anstellwinkel zum Wasser.

d + e) Die Einatmung erfolgt während des Armzugs. Beim Drücken der Ellenbogen unter die Brust kommen Schultern und Kopf aus dem Wasser, sodass oberhalb der Wasseroberfläche eingeatmet werden kann.

f + a + b) Mit dem Beinschlag und dem Vorschieben der Arme/Schultern kommt der Schwimmer wieder in die flache Körperlage.

Lernvoraussetzungen

Voraussetzungen für das Brustschwimmen sind das Gleiten in der Bauchlage und das kontinuierliche über Wasser Ein- und unter Wasser Ausatmen.

Methodik

Die hier vorgestellte methodische Übungsreihe orientiert sich an der Teilmethode (= elementhafte Methode). Hierbei wird der gesamte Bewegungsablauf „Brustschwimmen" in funktionelle Teilbewegungen aufgeteilt und geübt. Jede neu zu erlernende Teilbewegung wird dann mit den bereits gekonnten Bewegungsfertigkeiten (schwimmerischen Fertigkeiten) kombiniert, angewendet und geübt.

- **Gleiten**
  Ausgangspunkt ist das Gleiten in der Bauchlage mit und ohne Hilfsmittel.
- **Beinbewegung**[4]
  Daran schließt sich das Erlernen der Beinbewegung an.
- **Gleiten und Beinbewegung**
  Es folgt das Gleiten in Kombination mit der Beinbewegung.
- **Armbewegung**[5]
  Anschließend wird die Armbewegung im schulterhohen Wasser eingeführt.

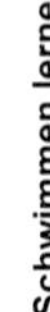

---

[4] Beinbewegung = zyklische Bewegung der Beine, um Vortrieb im Wasser zu erreichen
[5] Armbewegung = zyklische Bewegung der Arme, um Vortrieb im Wasser zu erreichen

Brustschwimmen lernen und üben

- **Armbewegung und Atmung**
  Als nächster Schritt folgt die Kombination der Armbewegung mit der Atmung.
- **Gesamtkoordination/Gesamtbewegung**[6]
  Schließlich erfolgt die Koordination von Beinschlag, Armzug und Atmung.

Es ist immer günstig, wenn bereits „Gekonntes" mit neuen Elementen verbunden wird, z.B. das Gleiten mit der Beinbewegung.

Die folgenden Vorschläge berücksichtigen diese Aussage im besonderen Maße, um den Kindern möglichst viel Erfolgserlebnisse zu vermitteln. Bei allen Übungen wird besonderer Wert darauf gelegt, dass die Kinder möglichst viel Übungszeit im Wasser haben. Trockenübungen an Land können als Ergänzung eingesetzt werden, sollten aber nicht zu häufig durchgeführt werden, da die Besonderheiten des Wasserwiderstandes fehlen.

Vom Gleiten zum Brustschwimmen

Gleiten in der Bauchlage

- Gleiten mit Abstoß an der Treppenstufe: Sitz auf der Treppenstufe des Lehrschwimmbeckens, mit gestreckten Armen in Vorhalte, abstoßen und in waagerechter Körperlage vorwärts gleiten – zum Sportlehrer hin.

Hinweise: Der Lernende ist beim Gleiten ganz gestreckt, sein Kopf befindet sich zwischen den Armen. Den Vortrieb bis zum Ausgleiten nutzen. Am Ende des Gleitens werden die Beine angezogen und der Lernende stellt sich selbst wieder hin.

- Gleiten mit Abstoßen vom Beckenrand: Sich rücklings an den Rand des Schwimmbeckens stellen. Die Arme sind gestreckt, das Schwimmbrett ist in Vorhalte. Ein Bein anwinkeln und die Fußsohle an die Beckenwand stellen, sich leicht nach vorn kippen lassen und mit einem Fuß oder beiden Füßen abstoßen.

Hinweise: Die Ohren werden zwischen den Armen eingeklemmt, der Blick geht nach vorn. Am Ende des Gleitens die Beine anhocken und zum Stand kommen.

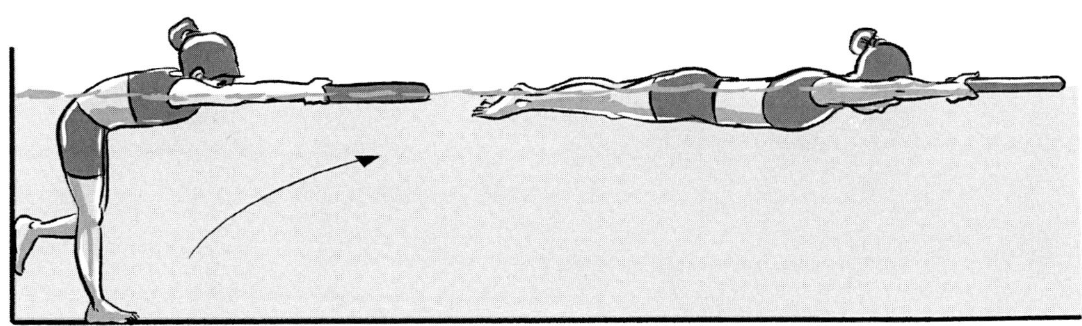

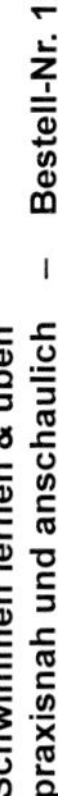

[6] Gesamtbewegung = der gesamte Bewegungsablauf des Brustschwimmens mit Armzug, Atmung und Schwunggrätsche

Brustschwimmen lernen und üben

Üben und festigen

- Zu zweit und zu dritt nebeneinander. Wer gleitet am weitesten?
- Nach ca. 2-3 m Gleitphase die Beine kurz anhocken und wieder strecken.
- Nach ca. 2-3 m Gleitphase den Kopf kurz anheben und wieder absenken.
- Wie weit kommst du? Wie lange reicht der Schwung? Erreichst du deinen mit Abstand stehenden Mitschüler?

Beinbewegung – Schwunggrätsche

Der Bewegungsablauf der Schwunggrätsche wird vom Sportlehrer demonstriert, damit sich bei den Schülern eine erste Bewegungsvorstellung bildet.

- An den Treppenstufen des Lehrschwimmbeckens: Stütz mit beiden Händen auf der Treppenstufe. Üben der Schwunggrätsche.

Die Füße werden unter der Wasseroberfläche in Richtung Gesäß angezogen, dadurch entsteht eine starke Beugung im Kniegelenk. Am Umkehrpunkt werden die Fußspitzen auswärts gedreht und gleichzeitig angezogen = „Clown-Füße“. Danach erfolgt die schwungvolle halbkreisförmige Schlagbewegung der Unterschenkel = Schwunggrätsche. Schließlich werden die Beine geschlossen und gestreckt.

Hinweise: Die Kinder üben den Brustbeinschlag so lange, bis sie ihn symmetrisch und sicher ausführen können.

Der Sportlehrer kann die Fußgelenke des Schwimmschülers fassen und die Beinbewegung führen, damit die Schwimmschüler den Bewegungsablauf spüren.

- Sitz auf dem Beckenrand, sich mit den Händen abstützen und den Oberkörper etwas nach hinten legen. Nun die Beinbewegung im Wasser ausführen und dabei folgende Punkte beachten: Fersen bis zum Gesäß, Unterschenkel und Füße ausdrehen, bogenförmiger Beinschub, bis die Beine gestreckt und geschlossen sind.
- Bauchlage im Wasser und mit einer Hand in die Beckenrinne fassen. Die andere Hand stützt sich an der Beckenwand ab, die Fingerspitzen zeigen nach unten. Nun die Beinbewegung ausführen.

Hinweise: Der Sportlehrer beobachtet und gibt evtl. korrigierende Hinweise und/oder lässt Kinder den Bewegungsablauf demonstrieren.

Brustschwimmen lernen und üben

Ergänzende Trockenübung: Beinbewegung am Gymnastikreifen

Diese Übung ist für die Schüler gedacht, die noch Probleme bei der Ausführung der Beinbewegung haben.

- Sitz auf einer Bank, den Oberkörper leicht nach hinten nehmen und sich mit den Händen abstützen (festhalten). Dabei leistet ein ausgelegter Gymnastikreifen Hilfe.

Die Fersen „malen" an der Innenseite des Gymnastikreifens den bogenförmigen Beinschlag auf den Boden.

Hinweise: Mit den Füßen von unten jeweils rechts und links den Reifen entlang, bis beide Beine gestreckt sind, dann die Füße zum Körper und zum Ausgangspunkt zurückziehen und erneut beginnen.

Abschließend wieder ins Wasser gehen und dort sofort den Bewegungsablauf versuchen.

Gleiten und Beinbewegung

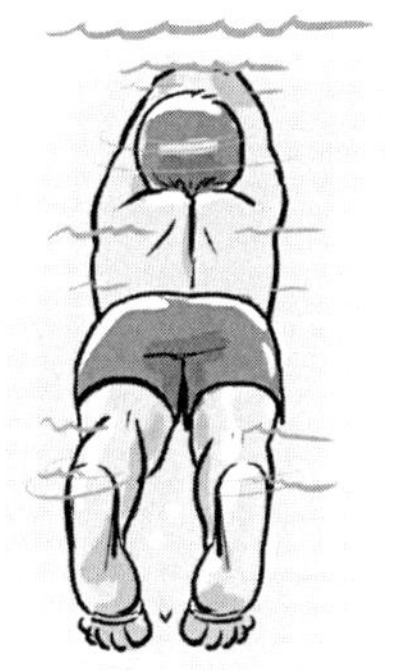

- Abstoßen von der Beckenwand mit Gleiten und anschließendem Brustbeinschlag. Die Arme bleiben gestreckt, das Gesicht ist im Wasser.

Hinweise: Die Beinbewegung setzt erst nach einigen Metern des Gleitens ein – nicht sofort. Dem Übenden muss nun der Vortrieb durch den Beinschlag bewusst werden. Mit zunehmender Sicherheit die Übungsstrecke verlängern.

- Wie vorher, aber 3-5 Beinschläge in Folge ausführen.

Beinbewegung mit Schwimmbrett

- Vom Beckenrand abstoßen, mit dem Schwimmbrett gleiten und einige Beinschläge ausführen.

Hinweise: Das Schwimmbrett mit gestreckten Armen halten, das Gesicht ist im Wasser.

- Wie vorher, aber nur leichtes Abstoßen von der Wand in die Gleitlage und danach mehrere Beinschläge ausführen.
  Sorgt dein Beinschlag für genügend Vortrieb? Nach ca. 2-3 m mit Beinschlägen den Kopf kurz anheben, einatmen und wieder absenken.

Üben und Festigen

- Wie vorher, aber das Schwimmbrett zur Hälfte senkrecht quer stellen, um den Wasserwiderstand zu erhöhen.
- Gleiten und Brustbeinschlag mit Armen in Vorhalte, dabei das Schwimmbrett wie eine „Haiflosse" senkrecht halten.
- Gleiten und Brustbeinschlag ohne Schwimmbrett, dabei die Hände aufstellen (im Handgelenk abknicken).

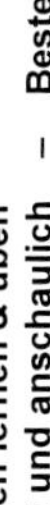

Schwimmen lernen & üben praxisnah und anschaulich – Bestell-Nr. 12 715

Brustschwimmen lernen und üben

Beinschlag und Atmung

- Schwimmen evtl. mit Schwimmbrett, die Beinschläge sorgen für den Vortrieb. Der Übende spricht (denkt) für sich: „und Beinschlag – und Beinschlag ..."

Dabei bedeutet:

– *„und"* → Beine anziehen, Kopf leicht anheben und einatmen.

– *„Beinschlag"* → Beine zusammenführen, Kopf ins Wasser tauchen und ausatmen.

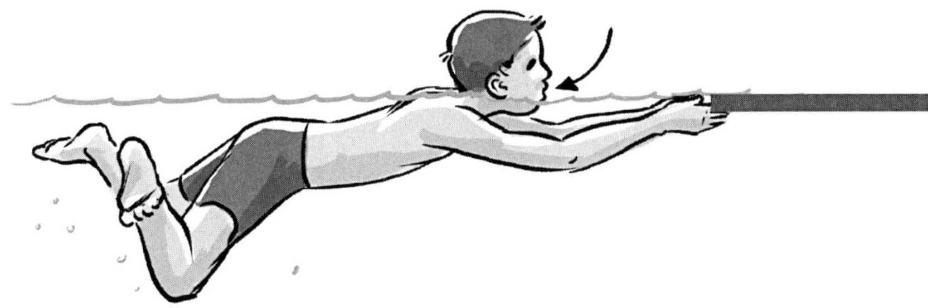

Hinweise: Immer im Wasser ausatmen, dadurch wird die Körperlage insgesamt flacher und besser. Diese Übung intensiv üben und möglichst mehrere Beinschläge in Folge ausführen.

Üben und Festigen

- Übungsstrecke verlängern.
- Zu zweit nebeneinander üben.
- Zu zweit gegenüber aufstellen und dann aneinander vorbeischwimmen.

Armbewegung im schulterhohen Wasser

Der Sportlehrer demonstriert den Armzug an Land:

Im Stand die Handflächen aneinanderlegen und die Arme strecken. Die Handflächen nach außen drehen, die Finger bleiben dabei immer eng zusammen. Die Ellenbogen werden leicht gebeugt und die Arme in einer halbkreisförmigen Abwärtsbewegung nach außen gezogen. Dann die Arme mit einer kräftigen Druckbewegung vor der Brust zusammenführen. Ohne Pause werden die Arme in die Ausgangsstellung gebracht, die Handflächen zeigen dabei nach unten.

- Alle Schüler führen die Armbewegung im Stehen an Land aus.
- Armbewegung im Stand im schulterhohen Wasser.
- Armbewegung im Gehen im schulterhohen Wasser.

Armzug mit Schwimmnudel

- Jeder Schüler erhält eine Schwimmnudel, die er sich unter die Achseln klemmt. Ohne auf die Beine zu achten, wird nun die geforderte Armbewegung ausgeführt.

6 Brustschwimmen lernen und üben

Armzug und Atmung

- Einen Pull Buoy oder ein Schwimmbrett zwischen die Beine klemmen und kurze/intensive Armzüge ausführen. Sobald der Kopf durch den Armzug aus dem Wasser gehoben wird, muss eingeatmet werden. Wenn der Kopf wieder eintaucht, wird ausgeatmet.

Hinweise: Mit zunehmendem Können auch ohne Pull Buoy bzw. Schwimmbrett üben.

Koordination Armzug und Beinschlag

Die bisher erlernten Teilbewegungen werden nun miteinander verbunden.

Sprich (denke): *„Arm und Bein – Arm und Bein ...“*

Dabei bedeutet:

– *„Arm“* → kräftiger kurzer Armzug, die Beine bleiben noch gestreckt.

– „und“ → Beine langsam anziehen, den Kopf anheben und einatmen.

– „Bein“ → Beinschlag ausführen, gleichzeitig das Gesicht ins Wasser legen und ausatmen.

Hinweise: Zunächst nur kurze Strecken schwimmen, mit zunehmender Sicherheit die Übungsstrecke verlängern.

- Abstoßen vom Beckenrand, einige Meter gleiten, dann die Gesamtbewegung des Brustschwimmens ausführen.
- Wie vorher, aber bis zur anderen Seite bzw. zu einer vorher bestimmten Markierung schwimmen.

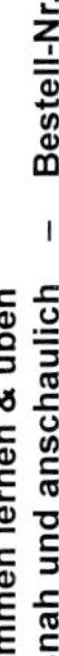

Schwimmen lernen & üben praxisnah und anschaulich – Bestell-Nr. 12 715
KOHL VERLAG

Brustschwimmen lernen und üben

Üben, Festigen und Formen

Die Kinder üben die Technik des Brustschwimmens in der Grobform, dabei geht es zunächst immer um das Erkennen von wesentlichen Fehlern und deren Beseitigung durch entsprechende methodische Maßnahmen.

- Für manche Schwimmschüler ist es hilfreich, die Gesamtbewegung des Brustschwimmens noch einmal zu sehen, wobei geeignete Schwimmschüler die Gesamtbewegung demonstrieren. Der Sportlehrer gibt dazu erläuternde Hinweise.
- Danach folgt für alle anderen Kinder sofort wieder die praktische Umsetzung im Wasser.

Die Korrektur durch den Sportlehrer muss immer ganz individuell erfolgen, d.h. es muss immer das jeweilige Kind und dessen Ausführung des Brustschwimmens beobachtet werden.

Beispiele:

Fehler: Asynchroner Beinschlag

Personale Bewegungshilfe: Das Kind stützt sich mit den Händen auf der Treppenstufe des Lehrschwimmbeckens ab, der Sportlehrer fasst die Fußgelenke des Kindes und führt die Bewegung. Dabei Bewusstmachen und Verinnerlichen der Schwunggrätsche.

Fehler: Kopf im Nacken (führt zu Verspannungen und zu einer Hohlkreuzhaltung)

Bewegungsanweisung: Atme unter Wasser aus und halte dabei den Kopf unter Wasser, dabei geht der Blick zum Beckenboden.

Fehler: Ellenbogen werden zu weit nach hinten gezogen.

Bewegungskorrektur: Bringe die Ellenbogen an der Brust zusammen.

Vorzeigen: Der Armzug wird anhand einer Bildreihe dem Kind gezeigt.

Vormachen: Ein geeigneter Schüler demonstriert den Armzug im Wasser, der Sportlehrer ergänzt mit erklärenden Hinweisen.

Fehler: Gestreckte Arme beim Armzug bewirken viel Wasserwiderstand.

Trockenübung: Der Armzug wird an Land ausgeführt, der Sportlehrer unterstützt mit Hinweisen auf das Beugen der Arme.

Fehler: Die Zugphase der Arme geht über die Schulterebene hinaus, zu weit nach außen.

Bewegungsanweisung: Führe bewusst kurze Armzüge aus.

Vorzeigen: Ein geeignetes Kind demonstriert beim Brustschwimmen kurze Armzüge.

Fehler: Weit gespreizte Finger

Bewegungsanweisung: Füge die Finger deiner Hände locker aneinander.

Vorzeigen: Die Hand-Fingerhaltung wird dem Kind anhand einer Bildreihe gezeigt.

Fehler: Keine Gleitphase zwischen den Armbewegungen – hastiges Schwimmen

Bewegungsanweisung: Versuche nach jedem Armzug eine längere Gleitphase in Form einer kleinen Pause einzufügen.

Vormachen: Ein geeigneter Schüler demonstriert die Gleitphase nach jedem Armzug im Wasser, der Sportlehrer ergänzt mit erklärenden Hinweisen.

7 Rückenkraulschwimmen lernen und üben

Rückenkraulen ist schnell und einfach erlernbar. Es gibt keine besondere Atmung wie beim Kraulen. Das Schwimmen in der Rückenlage ermöglicht aufgrund der freien Atmung und des geringen Gleitwiderstandes ein lockeres Schwimmen. Der Schwimmanfänger muss sich beim Rückenschwimmen nicht so sehr auf die Atmung konzentrieren, da sich Mund und Nase kontinuierlich über Wasser befinden – man kann problemlos atmen, obwohl durch die Armzüge immer wieder Wasser ins Gesicht spritzt.

Die großräumigen Armbewegungen sorgen für den Hauptvortrieb. Rückenkraulen entlastet die Wirbelsäule und stabilisiert gleichzeitig die Rücken-, Bauch-, Gesäß-, Arm- und Schultermuskulatur. Es gibt deshalb gute Gründe für das Rückenschwimmen als erste Schwimmart, weil es bei richtiger Körperlage deutlich weniger anstrengend ist als das Schwimmen in der Bauchlage.

Rückenschwimmen zu lernen ist vergleichsweise einfach.
Es gibt keine besondere Atemtechnik wie beim Kraulen.

Rückenkraul zählt aufgrund der technischen Ausführung zu den Wechselschlagschwimmarten, d.h. bei jedem Armzug und Beinschlag wechseln sich die rechte und linke Körperhälfte ab. Beim Lernen dieser Schwimmtechnik kann man bei Kindern auf natürliche Bewegungsformen zurückgreifen, da sie schon grundlegende Bewegungserfahrungen mitbringen, die durch das Krabbeln, Gehen und Laufen entstanden sind. Außerdem hat das Rückenschwimmen viele Gemeinsamkeiten mit dem Kraulschwimmen, sodass ein Lerntransfer möglich wird.

Für Schwimmanfänger ist es manchmal schwierig, sich zu orientieren – man sieht nicht, wohin man schwimmt. Es ist deshalb hilfreich, sich früh Orientierungshilfen im Schwimmbecken zu suchen (Einstiegsleitern an den Seiten, Deckenbeleuchtung, farbige Wimpel an einer horizontal gespannten Schnur an der Decke, Leine im Schwimmbecken etc.).

Bewegungsbeschreibung – Grobform

Die Körperlage beim Rückenkraul ist gestreckt, mit geradem Rücken, Hüfte nach oben. Das Gesicht liegt oberhalb des Wassers – Mund und Nase befinden sich kontinuierlich über Wasser. So kann ungehindert ein- und ausgeatmet werden. Immer auf eine gerade Kopfhaltung achten, zur Decke schauen und den Kopf leicht nach hinten nehmen. Wenn das Kinn zu sehr zur Brust geneigt wird, senkt sich das Gesäß automatisch ab; das wiederum führt zu einer schlechteren Körperlage.

7 Rückenkraulschwimmen lernen und üben

Ähnlich wie beim Kraulen in der Bauchlage schlagen die Beine auf und ab. Hierbei ist wichtig, dass die Beine gestreckt bleiben und der **Beinschlag** aus der Hüfte kommt.

Die Füße bewegen sich knapp unter der Wasseroberfläche (nicht darüber!). Der Beinschlag sorgt zwar auch für Vortrieb, der Hauptanteil des Vorschubs wird aber durch den Armzug erzielt. Die Beinbewegung hilft die Körperlage im Wasser zu stabilisieren.

Der **Armzug** sorgt zum Großteil für den Vortrieb beim Rückenschwimmen. Wie beim Kraulen gibt es eine Schwungphase über Wasser und eine Zug- und Druckphase unter Wasser. Wenn der eine Arm sich über Wasser befindet, ist der anderen Arm im/unter Wasser.

1. Phase = Schwung-/Überwasserphase

Der gestreckte Arm wird mit dem Daumen zuerst aus dem Wasser gehoben und danach seitlich am Körper vorbei geführt, sodass der kleine Finger hinter dem Kopf zuerst eintauchen kann.

Überwasserphase

2. Phase = Zugphase

Die Finger werden zum „Wasserfassen" wie eine Kelle gekrümmt. In der Zugphase wird das Wasser mit der hohlen Hand gefasst, dabei wird der Arm im Schulterbereich leicht gebeugt, um das Greifen des Wassers zu erleichtern. Wie beim Kraulen in der Bauchlage wird der Ellenbogen gebeugt, er ist der tiefste Punkt im Wasser. Der Oberarm liegt am Körper, der Unterarm schiebt seitlich am Körper vorbei.

3. Phase = Druckphase

Nach der Zugphase folgt die Druckphase. In der letzten Phase des Armzuges wird das Wasser in Richtung der Füße gedrückt. Der andere Arm wird gleichzeitig dazu über dem Wasser nach hinten geführt.

Rückenkraul in Phasen

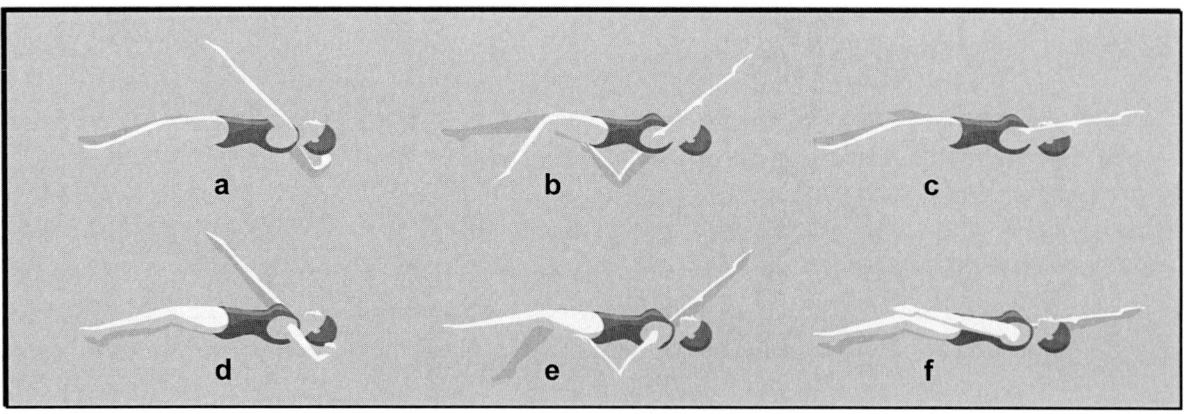

7 Rückenkraulschwimmen lernen und üben

a + b)	linker Arm	= Überwasserphase
c)	linker Arm	= „Wasser fassen“
a)	rechter Arm	= Zugphase
b + c)	rechter Arm	= Druckphase
d + e)	rechter Arm	= Überwasserphase
f)	rechter Arm	= „Wasser fassen“
d)	linker Arm	= Zugphase
e + f)	linker Arm	= Druckphase

Michael Phelps, Erfolgreichster Schwimmer aller Zeiten

Lernvoraussetzungen

Voraussetzung für das Rückenkraulschwimmen ist das Gleiten in der Rückenlage mit gestreckten Armen und den Händen über Kopf, deshalb sollten die Schwimmschüler anfangs einige Gleitübungen ausführen, bevor der eigentliche Lernprozess beginnt.

Methodik

Die hier vorgestellte methodische Übungsreihe orientiert sich an der Teilmethode (elementhafte Methode), bei der der gesamte Bewegungsablauf des Rückenkraulens in funktionelle Teileinheiten aufgeteilt und dann gesondert in Lernschritten vermittelt wird.

- **Gleiten**
  Ausgangspunkt ist das bekannte Gleiten in der Rückenlage mit und ohne Hilfsmittel. Evtl. kann zunächst auch noch einmal mit dem Gleiten in der Bauchlage begonnen werden, um dann in die Rückenlage überzugehen.
- **Beinbewegung**
  Daran schließt sich das Lernen des Rückenkraulbeinschlages an. Evtl. kann hierbei auch auf schon bekannte Bewegungsabläufe des (Brust-)Kraulens zurückgegriffen werden.
- **Gleiten in der Rückenlage und Kraulbeinschlag**
  Nun folgt die Kombination des Gleitens in der Rückenlage mit dem Kraulbeinschlag.
- **Armbewegung**
  Anschließend wird die Armbewegung (der Armzug) im hüft- bis schulterhohen Wasser eingeführt – beim Gehen rückwärts mit Armzug.
- **Schwimmen mit Armzug**
  In diesem Lernschritt wird der Armzug in der Schwimmlage ausgeführt.
- **Koordination von Beinschlag und Armzug**
  Schließlich folgt die Koordination von Beinschlag, Armzug und Atmung.

Es ist von großem Vorteil und hat sich bewährt, wenn die Kinder neu zu erlernende Teilbewegungen mit bereits gekonnten und vielfach angewandten Bewegungsfertigkeiten verbinden/kombinieren können.

Manchmal wird dabei auch unter erleichterten Bedingungen mit Einsatz von Schwimmbrett, Noodle, Flossen, Pull Buoy geübt. Die folgenden Vorschläge und Übungen berücksichtigen diese Überlegungen im besonderen Maße, entsprechend ist die folgende methodische Übungsreihe aufgebaut. Bei der Auswahl der Übungen und der praktischen Umsetzung wird besonderer Wert darauf gelegt, dass die Kinder möglichst viel Übungszeit im Wasser verbringen. Trockenübungen an Land können als Ergänzung eingesetzt werden, sollten aber nicht zu häufig durchgeführt werden, da die Besonderheiten des Wasserwiderstandes fehlen.

Schwimmen lernen & üben praxisnah und anschaulich – Bestell-Nr. 12 715

7 Rückenkraulschwimmen lernen und üben

Vom Gleiten zum Rückenkraulen

Gleiten in der Bauchlage

- Gleiten mit Abstoß an der Treppenstufe: Sitz auf der Treppenstufe des Lehrschwimmbeckens, mit gestreckten Armen in Vorhalte, abstoßen und in waagerechter Körperlage vorwärts gleiten – zum Sportlehrer hin.

Hinweise: Der Lernende ist beim Gleiten ganz gestreckt, sein Kopf befindet sich zwischen den Armen. Den Vortrieb bis zum Ausgleiten nutzen. Am Ende des Gleitens werden die Beine angezogen und der Lernende stellt sich selbst wieder hin.

- Gleiten mit Abstoßen vom Beckenrand: Sich rücklings an den Rand des Schwimmbeckens stellen. Die Arme sind gestreckt, das Schwimmbrett ist in Vorhalte. Ein Bein anwinkeln und die Fußsohle an die Beckenwand stellen, sich leicht nach vorn kippen lassen und mit einem Fuß oder beiden Füßen abstoßen.

Hinweise: Die Ohren werden zwischen den Armen eingeklemmt, der Blick geht nach vorn. Am Ende des Gleitens die Beine anhocken und zum Stand kommen.

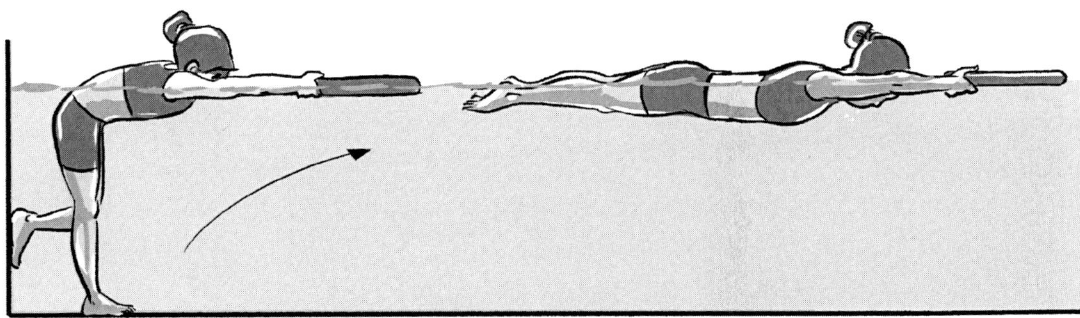

- Abstoßen von der Beckenwand, Gleiten in der Rückenlage: Festhalten am Beckenrand oder der Überlaufrinne, die Füße werden gegen die Wand gestemmt, sodass die Knie gebeugt sind und das Gesäß sich fast in Höhe der Füße befindet.
  Nun die Hände vom Beckenrand lösen und sich mit den Füßen kräftig von der Wand abstoßen.

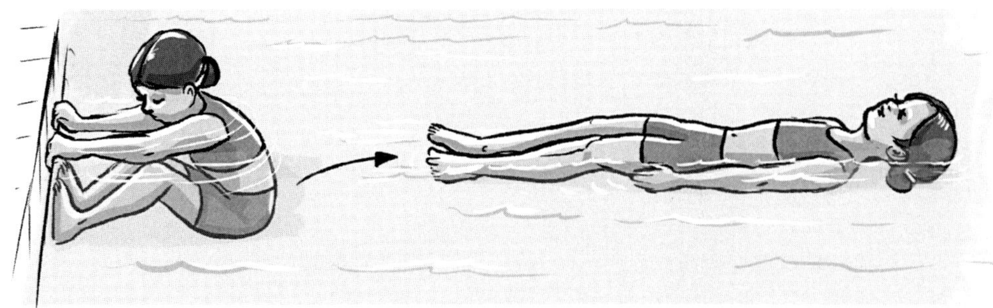

Hinweise: Die Beine werden beim Abstoßen völlig gestreckt. Die Arme liegen eng am Körper. Der Kopf liegt auf dem Wasser mit Blickrichtung zur Decke.

7 Rückenkraulschwimmen lernen und üben

Diese Lage (Bauch und Becken an der Wasseroberfläche) so lange halten, bis kein Vortrieb mehr spürbar ist. Dann wie gewohnt das Aufstehen einleiten.

- Wie weit kommst du? Wie lange reicht der Schwung?
- Zu zweit und zu dritt nebeneinander. Wer gleitet am weitesten?
- Nach ca. 2-3 m Gleitphase die Beine kurz anhocken und wieder strecken.

- Abstoßen von der Beckenwand, Gleiten in der Rückenlage, Hände über Kopf: Nach dem Lösen der Hände vom Beckenrand werden die Arme seitlich über den Kopf geschwungen und führen so den Körper in die Streckung.

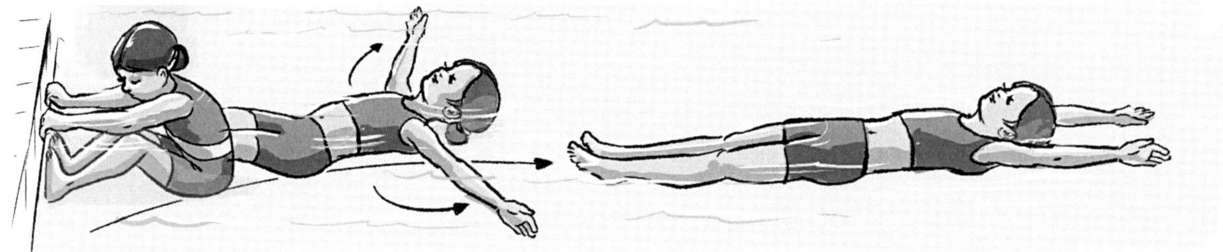

Hinweise: Der gesamte Körper taucht in leichter Hohlkreuzhaltung in das Wasser ein; dann geht es in die Gleitphase über. Der Kopf liegt auf dem Wasser mit Blickrichtung zur Decke. Diese Übung häufig wiederholen lassen und dabei immer die gestreckte Körperlage beachten.

Üben und festigen

- Wie weit kommst du in der Gleitphase? War der Abstoß kräftig genug?
- Wer gleitet in der Rückenlage am weitesten?
- Zu zweit und zu dritt nebeneinander. Wer gleitet am weitesten?
- Nach ca. 2-3 m Gleitphase die Beine kurz anhocken und wieder strecken.
- Wie weit kommst du? Wie lange reicht der Schwung? Erreichst du deinen mit Abstand stehenden Mitschüler?
- Sich in der Rückenlage kräftig vom Beckenrand abstoßen, gestreckt durch das Wasser gleiten und sich um die eigene Körperlängsachse in die Bauchlage drehen.

Beinbewegung – Kraulbeinschlag im Sitz auf dem Beckenrand

Der Sportlehrer demonstriert den Kraulbeinschlag am Beckenrand auf dem Rücken liegend (oder sitzend) mit den Beinen im Wasser, damit sich bei den Schülern eine erste Bewegungsvorstellung bildet. Die Beine schlagen wechselweise peitschenartig aus den Hüft- und Kniegelenken auf- und abwärts. Im Gegensatz zum Kraulbeinschlag in der Bauchlage liegt jetzt der stärkere Impuls in der Aufwärtsbewegung der Beine.

- Sich auf den Beckenrand setzen und den Kraulbeinschlag ausführen – die Beine schlagen mit leicht nach innen gedrehten Füßen wechselweise ab- und aufwärts.

Tipp: Sich vorstellen, auf der Wasseroberfläche schwimmende Bälle mit den Füßen hoch zu kicken.

Hinweise: Die Hände stützen hinten. Möglichst die Beine und die Hüfte strecken (entsprechend muss die Sitzposition gewählt werden).

7 Rückenkraulschwimmen lernen und üben

Kraulbeinschlag am Beckenrand

- Sich am Beckenrand festhalten und in der gestreckten Körperlage den Kraulbeinschlag ausführen. Die Beine schlagen wechselweise peitschenartig aus den Hüft- und Kniegelenken auf- und abwärts.

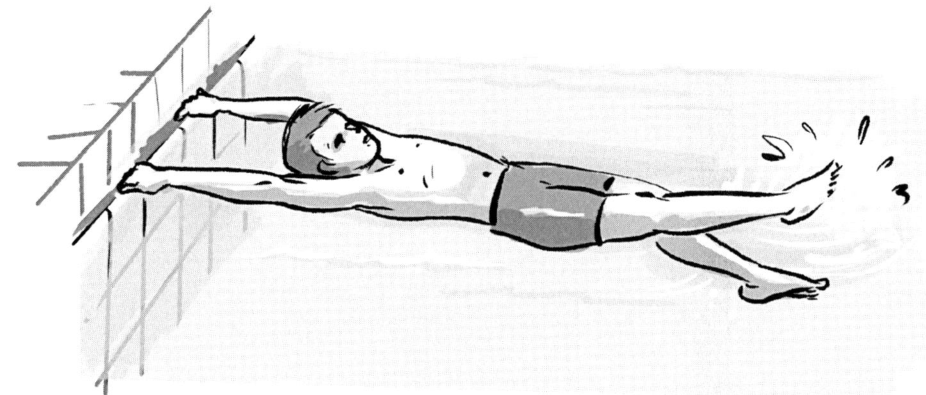

Hinweise: Der Kopf liegt zwischen den Armen, die Arme und der Körper sind gestreckt.

- Wie vorher, aber den Beinschlag kurz aussetzen (die Beine senken sich ab), dann den Kraulbeinschlag wieder ausführen und den Auftrieb spüren.

Kraulbeinschlag mit Parnerunterstützung

- Zu zweit: Der Übende steht mit Blick zur Beckenwand, legt sich in die Rückenlage und beginnt sofort mit dem Kraulbeinschlag. Der am Kopfende stehende Partner unterstützt den Übenden an den Schultern und gibt ihm Sicherheit.

Hinweise: Anschließend Rollentausch vornehmen.

Gleiten mit Kraulbeinschlag und Schwimmbrett

- Kräftiges Abstoßen von der Beckenwand mit anschließendem Gleiten und Kraulbeinschlag unter Einsatz eines Schwimmbrettes.

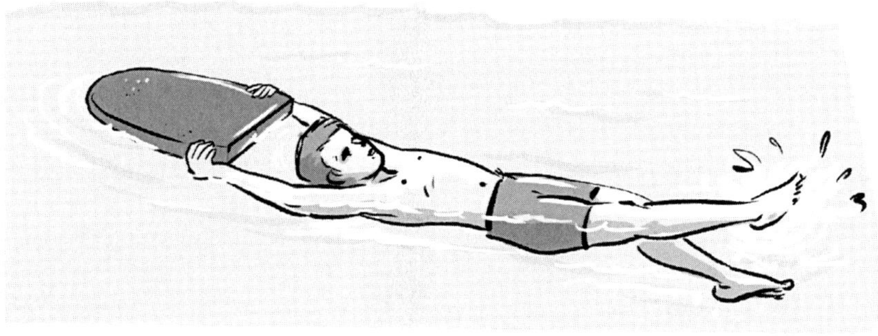

Hinweise: Einen Fuß an die Wand setzen, in die Knie gehen, Kopf und Arme mit dem Schwimmbrett auf das Wasser legen. Sobald die Ohren im Wasser sind, sich kräftig von der Wand abstoßen. Der Beinschlag setzt erst dann ein, wenn das Gleiten abklingt.

Üben und Festigen

- Wie vorher, aber zu zweit und zu dritt nebeneinander.
- Wie vorher, aber bis zu einer Markierung (eine im Wasser gespannte Schnur) gelangen.
- Wie vorher, aber mit leicht angestelltem Schwimmbrett, um den Wasserwiderstand zu erhöhen.
- Mit Partner: Beide Kinder fassen dasselbe Schwimmbrett über Kopf an je einer Seite und führen den Kraulbeinschlag aus. Wer schafft es, den Partner durch den intensiven Kraulbeinschlag wegzuschieben?

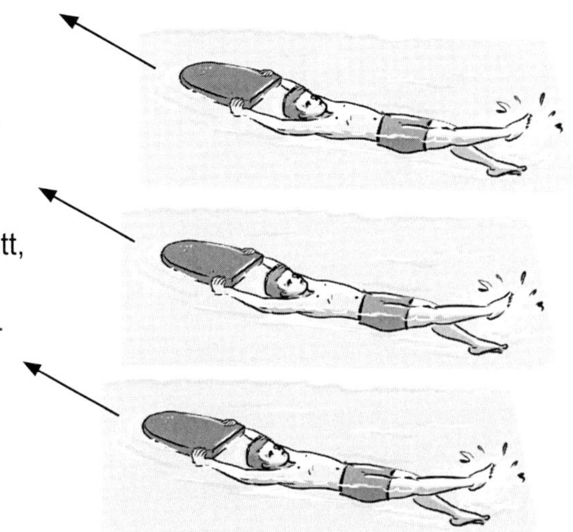

7 Rückenkraulschwimmen lernen und üben

Gleiten mit kräftigem Kraulbeinschlag

- Abstoßen von der Beckenwand, die Gleitbewegung mit anschließendem Kraulbeinschlag fortsetzen.

Hinweise: Die Arme sind über Kopf und gestreckt, die Hände verschränkt, eine Hand fasst den Daumen der anderen Hand. Das Gesicht liegt oberhalb des Wassers.

Tipp: Das Halten der gestreckten Arme über Kopf gilt für alle Übungen in der Rückenlage, um Verletzungen im Kopfbereich zu vermeiden. (Wenn das bei einer beabsichtigten Übung nicht geschehen kann, sichert ein Partner den Übenden ab.)

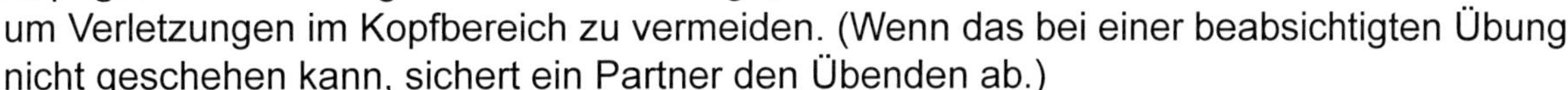

Um den Kindern die Orientierung während des Rückenschwimmens zu erleichtern, weist der Sportlehrer auf Orientierungshilfen im Schwimmbecken hin, z.B. Einstiegsleitern an den Seiten, Deckenbeleuchtung, Leinen im Schwimmbecken, Außenfenster des Schwimmbades, Bänke an den Seiten des Schwimmbades usw.

Üben und Festigen

- Wie vorher, aber zu zweit nebeneinander.
- Wie vorher, aber die Übungsstrecke verlängern.
- Wie vorher, aber bis zum Erreichen einer vorher bestimmten Orientierungshilfe.

Armbewegung – Armzug

Der Sportlehrer demonstriert den Armzug an Land und evtl. im Wasser.

Der Armzug sorgt zum Großteil für den Vortrieb beim Rückenschwimmen. Wie beim Kraulen gibt es eine …

- **Schwungphase über Wasser**
  Dabei wird der gestreckte Arm mit dem Daumen zuerst aus dem Wasser gehoben und seitlich am Körper vorbei geführt, sodass der kleine Finger hinter dem Kopf zuerst eintaucht.

- **Zugphase unter Wasser**
  Dabei werden die Finger zum Wasserfassen wie eine Kelle geformt. Im Schulterbereich wird der Arm leicht gebeugt, um das Greifen des Wassers zu erleichtern. Der Oberarm liegt am Körper, der Unterarm schiebt seitlich am Körper vorbei.

- **Druckphase unter Wasser**
  im Anschluss an die Zugphase; dabei wird das Wasser in Richtung der Füße gedrückt.

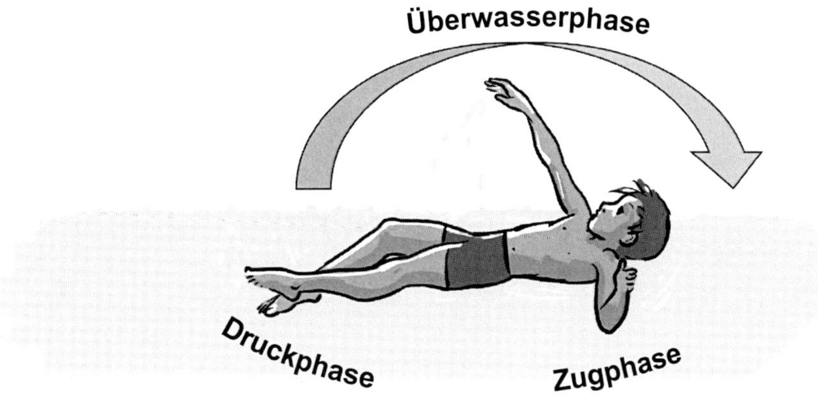

7 Rückenkraulschwimmen lernen und üben

- Alle Schüler führen die Armbewegung im Stehen an Land aus.
- Es folgt die Armbewegung im Stand im hüft- bis schulterhohen Wasser.

Gehen rückwärts mit Armzug

- Gehen im hüft- bis schulterhohen Wasser und versuchen, unter Einsatz der Arme und Hände sich spürbar rückwärts zu bewegen.

Hinweise: Auf den gleichmäßigen Wechsel der Arme und Hände und auf das Fassen des Wasser achten.

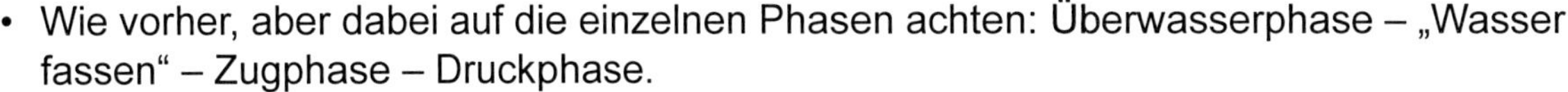

- Wie vorher, aber dabei auf die einzelnen Phasen achten: Überwasserphase – „Wasser fassen" – Zugphase – Druckphase.

Hinweise: Die Hand mit dem kleinen Finger weit hinter dem Kopf eintauchen, danach die Hand leicht nach außen ziehen, den Ellenbogen beugen und die Hand neben dem Körper weiter ziehen und das Wasser nach vorn drücken.

Armzug am Beckenrand

- Die Unterschenkel liegen auf dem Beckenrand, der Oberkörper ist im Wasser.
  - Einen Arm weit nach oben/hinten führen und die Hand mit kleinem Finger zuerst weit hinter dem Kopf eintauchen.
  - Dann die Hand leicht nach außen ziehen, den Ellenbogen beugen und die Hand neben dem Körper weiterziehen.
  - Die Hand und der Unterarm drücken das Wasser in Richtung Füße.

Hinweise: Bei der ungewohnten Körperlage benötigen manche Kinder unterstützende Hilfe. Der Partner außerhalb des Beckens fixiert die Füße des Übenden, um ein Wegrutschen zu verhindern. Manche Kinder können sich zusätzlich eine Pool Noodle unter die Hüfte legen.

Der Partner beobachtet und kontrolliert den Armzug des Übenden. Anschließend Rollentausch vornehmen.

Um die Bewegungsvorstellung der Kinder zu vervollkommnen, unterbricht der Sportlehrer das Üben und lässt den Armzug durch geeignete Kinder demonstrieren. Dabei gibt er wichtige Hinweise. Danach üben wieder alle Kinder zu zweit, zu dritt usw. nebeneinander am Beckenrand.

> *Wenn der Schwimmschüler in der Lage ist, den Armzug am Beckenrand in der Grobform auszuführen, sind Übungen in der Schwimmlage möglich.*

Rückenkraulschwimmen lernen und üben

Armzug mit Schwimmnudel

- Rückenlage, die Unterschenkel des Kindes liegen auf der Schwimmnudel. Dabei wird nun der Armzug in beschriebener Weise ausgeführt.

Hinweise: Evtl. begleitet ein Partner den Bewegungsablauf, indem er die Füße des Übenden festhält und dabei mitgeht, jedoch ohne zu schieben. Anschließend Rollentausch vornehmen.

Beinschlag und Armzug gemeinsam

- Aus dem Stand im hüft- bis brusttiefen Wasser sich mit gestreckten Armen in die Rückenlage legen, den Beinschlag ausführen und danach die Armbewegung in gewohnter/geübter Weise hinzufügen.
- Wie vorher, aber zu zweit: Kind A schwimmt und Kind B beobachtet den Armzug: Erfolgt der Armzug im rhythmischen Wechsel? Wie erfolgt das „Wasserfassen“? Sorgt der Armzug für den entsprechenden Vortrieb usw.?

Zwischendurch wird der Bewegungsablauf durch ein geeignetes Kind demonstriert, dabei gibt der Sportlehrer wichtige Hinweise. Danach erfolgt wieder das praktische Üben im Wasser.

Koordination Beinschlag, Armzug und Atmung

Die bisher erlernten Teilbewegungen werden miteinander verbunden: Gleiten mit Kraulbeinschlag und Armzug mit Atmung. Während eines Bewegungszyklusses mit beiden Armen wird einmal ein- und ausgeatmet. Die Einatmung erfolgt durch den Mund, das Ausatmen durch Mund und Nase.

- Abstoßen von der Beckenwand und Gleiten: Das Kind stößt sich kräftig vom Beckenrand ab, nach dem Lösen der Hände vom Beckenrand werden die Arme seitlich nach hinten geschwungen und führen so in die Körperstreckung zum Gleiten. Dann zuerst mit dem Beinschlag beginnen und danach den Armzug in gewohnter Weise ausführen.

Diese Abfolge den Kindern bewusst machen: Abstoßen und gleiten, dann den Vortrieb mit dem Beinschlag unterstützen und danach den Armzug mit Atmung folgen lassen.

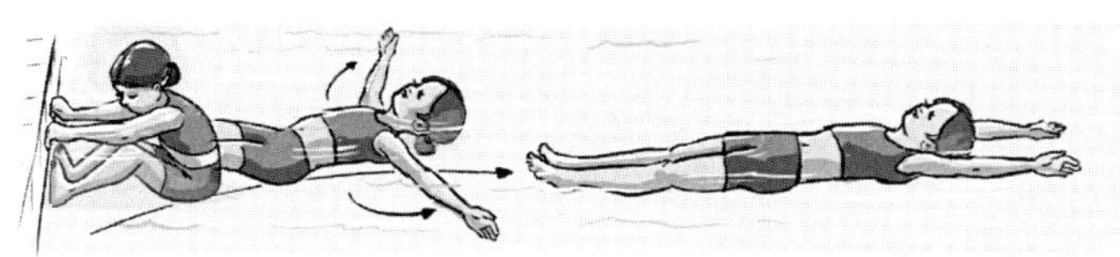

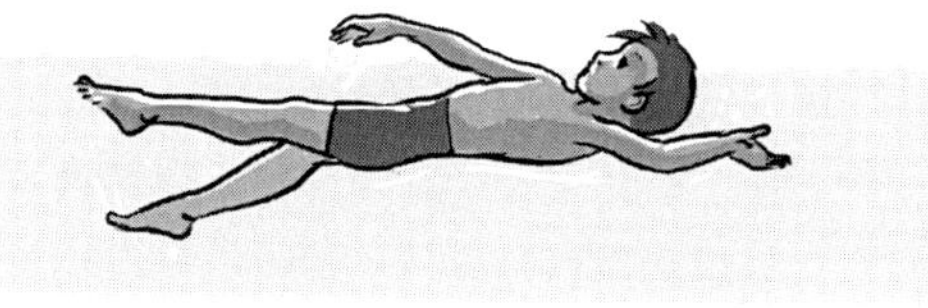

Abstoßen **Gleiten** **Beinschlag** **Armzug**

Schwimmen lernen & üben praxisnah und anschaulich – Bestell-Nr. 12 715

Rückenkraulschwimmen lernen und üben

Hinweise: Der gesamte Körper taucht in leichter Hohlkreuzhaltung in das Wasser ein und geht dann in die Gleitphase über. Der Kopf liegt auf dem Wasser mit Blickrichtung zur Decke.

- Wie vorher, aber zu zweit oder zu dritt nebeneinander üben.
- Wie vorher, aber bis zu einer vorher bestimmten Markierung schwimmen.

Hinweise: Zunächst nur kurze Strecken schwimmen lassen und dabei die Gesamtbewegung in den Mittelpunkt stellen, d.h. die harmonische Koordination von Beinschlag und Armzug mit Atmung beachten. Mit zunehmender Sicherheit die Übungsstrecke verlängern.

- Drei bis fünf Kinder stehen nebeneinander im hüft- bis schulterhohen Wasser mit dem Bauch zur Beckenwand. Auf Signal des Sportlehrers stoßen sie sich in gewohnter Weise von der Wand ab und schwimmen mit der Rückenkraultechnik bis zur anderen Seite bzw. zu einer vorher bestimmten Markierung (z.B. im Wasser stehender Partner).

Üben, Festigen und Formen
Die Kinder üben die Technik des Rückenkrauls in der Grobform, deshalb geht es zunächst immer um das Abstellen von wesentlichen Fehlern, d.h.:

- Korrigiere nur die Hauptfehler.
- Korrigiere bei jedem Kind nur einen Fehler.
- Korrigiere die Fehlerursache, nicht den Folgefehler.

Die Korrektur durch den Sportlehrer muss immer ganz individuell erfolgen, d.h. es muss immer das jeweilige Kind und dessen Ausführung des Rückenkraulens beobachtet werden.

Beispiele:

Fehler: Die Hand verlässt nicht mit dem Daumen zuerst das Wasser.
Bewegungskorrektur: Der Sportlehrer gibt in verbaler Form Hinweise auf die richtige Handhaltung. Zusätzlich kann der Bewegungsablauf von einem anderen Kind demonstriert werden.

Fehler: Die Arme sind zum Schluss der Überwasserphase noch gebeugt.
Bewegungsanweisung: „Versuche weit nach hinten zu greifen!" So wird indirekt die Streckung der Arme erzielt.

Fehler: Arme und Hände werden in der Überwasserphase nicht auswärts gedreht.
Bewegungsanweisung: „Tauche mit dem kleinen Finger hinter dem Kopf zuerst ein!"

Fehler: Seitliches Drehen/Wenden des Kopfes beim Eintauchen der Arme – Gefahr des Wasserschluckens.
Bewegungskorrektur: „Halte den Kopf ruhig und ziehe das Kinn ganz leicht brustwärts. Suche dir zusätzlich eine Orientierung an der Decke, dann kannst du nicht mit dem Kopf anstoßen."

Fehler: Vorschwingen der Arme über die Seite. Das ist häufig zu beobachten.
Bewegungsanweisung: „Führe deine Oberarme an den Ohren vorbei und achte dabei auf gestreckte Arme".

Zusätzlich kann der Bewegungsablauf von einem anderen Kind demonstriert werden.

7 Rückenkraulschwimmen lernen und üben

Fehler: Die Knie schlagen aus dem Wasser („Fahrradfahren"), deshalb schlechter Vortrieb.

Geräthilfe: „Lege dir ein Schwimmbrett mit gestreckten Armen über die Knie und schwimme nur mit dem Beinschlag. Die Knie sollen dabei das Schwimmbrett nicht berühren."

Fehler: Die Füße schlagen ständig aus dem Wasser.

Bewegungskorrektur: „Bewege deine Füße knapp unter der Wasseroberfläche (nicht darüber!), wobei die Hauptkraft nach oben gehen muss."

Fehler: Das Kind „sitzt" (der Körper ist nicht gestreckt) zu sehr im Wasser, dadurch entsteht ein schlechter Vortrieb.

Geräthilfe: „Lege ein Schwimmbrett unter deinen Rücken."

Bewegungsanweisung: „Versuche so zu schwimmen, dass dein Bauch an der Wasseroberfläche ist."

Das Vorzeigen in Form von Reihenbildern macht Sinn, so können Phasen des Rückenkraulschwimmens durch den Sportlehrer anschaulich erläutert werden. Anhand der Bildreihe kann er ganz individuell auf Fehler eingehen. Das Betrachten von Bildreihen vervollkommnet auch die Bewegungsvorstellung bei den Kindern.

KOHL VERLAG Lernen mit Erfolg
Schwimmen lernen & üben praxisnah und anschaulich – Bestell-Nr. 12 715

8 Kraulschwimmen lernen und üben

Kraulschwimmen ist die schnellste Schwimmart, weil durch den wechselseitigen Armzug und den kontinuierlichen Beinschlag ein ständiger Vortrieb erzeugt wird. Beim Kraulen liegt der Körper stromlinienförmig und flach im Wasser, dabei wird der Kopf gerade als Verlängerung der Wirbelsäule gehalten. Die flache Körperlage und die Wechselbewegungen entlasten die Wirbelsäule. Beim Kraulen sorgt die Beinbewegung für ca. 30 % und die Armbewegung für ca. 70 % des Vortriebs.

Die neue Anfängermethodik favorisiert eindeutig das Kraulschwimmen als erste Schwimmart. In Amerika und Australien ist das Kraulschwimmen die Anfangsschwimmart.

Das Kraulschwimmen zählt aufgrund der technischen Ausführung zu den Wechselschlagschwimmarten[1]. Beim Lernen dieser Schwimmtechnik kann man bei den Kindern auf natürliche Bewegungsformen zurückgreifen, da sie vielfältige Bewegungserfahrungen mitbringen, die durch das Krabbeln, Gehen und Laufen entstanden sind. Außerdem hat das Kraulschwimmen viele Gemeinsamkeiten mit dem Rückenschwimmen, sodass ein Lerntransfer möglich wird.

Bewegungsbeschreibung – Grobform

Die Körperlage beim Kraulschwimmen im Wasser ist flach, mit einem leichten Anstellwinkel zur Wasserfläche, Kopf und Schultern liegen dabei etwas höher als die Hüfte. Zur Einatmung wird der Kopf leicht zur Seite gedreht; so bleibt die flache Körperlage erhalten. Die wechselseitige Armbewegung hat den Hauptanteil am gleichmäßigen Vortrieb. Die gesamte Armbewegung wird in eine Zug- und Druckphase unter Wasser und in eine Vorschwungphase über Wasser gegliedert.

Die Arme werden dabei mit hohem Ellenbogen aus dem Wasser gehoben, die Arme schwingen locker und weit nach vorne. Der Handeinsatz (das Wasserfassen) erfolgt mit Daumen und Fingerspitzen in fast gestreckter Armhaltung. Die geschlossenen Hände ziehen bei zunehmender Beugung des Armes unterhalb des Körpers durch und drücken das Wasser nach hinten. Die Beine unterstützen den Armantrieb und schlagen im Wechsel rhythmisch auf und ab. Die Bewegung wird von den Oberschenkeln eingeleitet. Der Abwärtsschlag ist stärker als die Aufwärtsbewegung. Die Füße werden leicht nach innen gedreht, um eine größere Abdruckfläche zu erreichen.

[1] Die Kraulbeinbewegung ist ein typischer Wechselschlag; die Beine schlagen abwechselnd auf und ab.

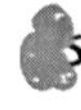

8 Rückenkraulschwimmen lernen und üben

Kraulschwimmen in Phasen

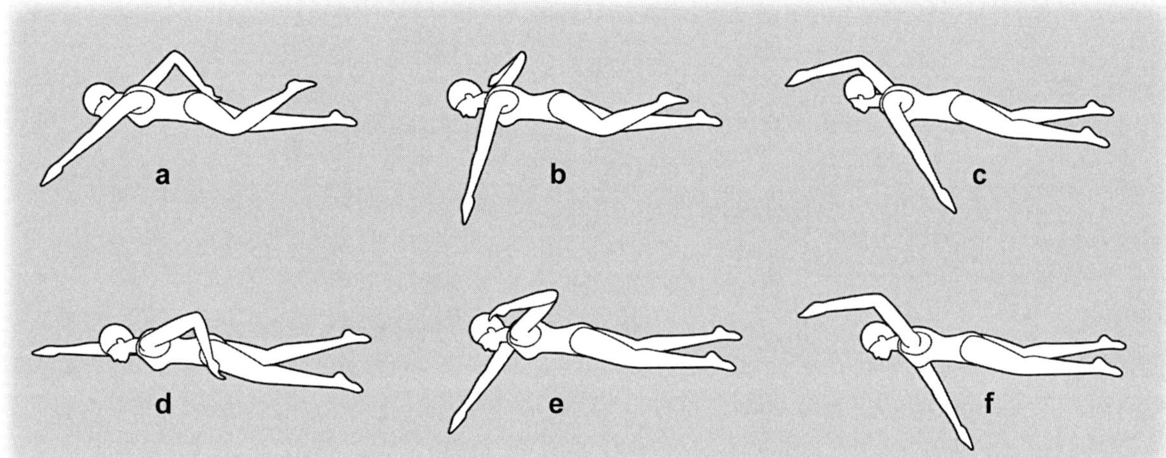

a) Während der rechte Arm aus dem Wasser gehoben wird, beginnt die Zugphase des linken Armes.

b) Der rechte Arm erreicht die Schulterhöhe und wird mit stark gebeugtem Ellenbogen aus dem Wasser gehoben. Der linke, ziehende Arm ist im Ellenbogengelenk fast im rechten Winkel.

c) Die Eintauchphase des rechten Armes wird vorbereitet. Der linke Arm wechselt von der Zug- in die Druckphase.

d) Der linke Arm wird mit gebeugtem Ellenbogengelenk am Körper entlang bis zur Schulter zurückgeführt. Der rechte Arm ist kurz vor dem Eintauchen. Der Schwimmer atmet aus.

d + e) Der Schwimmer dreht leicht zur linken Seite auf und atmet ein. Der Kopf wird dabei möglichst nicht angehoben. Die Zugphase des rechten Armes hat begonnen und der linke Arm wird mit gebeugtem Ellenbogengelenk über Wasser nach vorn geführt.

f) Die Eintauchphase des linken Armes wird vorbereitet, der rechte Am kommt von der Zug- in die Druckphase. Dann beginnt ein neuer Ablauf.

Lernvoraussetzungen

Voraussetzungen für das Kraulschwimmen sind das Gleiten in der Bauchlage mit dem Gesicht im Wasser sowie das kontinuierliche über Wasser Ein- und unter Wasser Ausatmen.

Methodik

Die hier vorgestellte methodische Übungsreihe orientiert sich an der Teilmethode (elementhafte Methode, bei der der komplexe Bewegungsablauf des Kraulschwimmens in funktionelle Teileinheiten aufgeteilt und gesondert in Lernschritten vermittelt wird.

- **Gleiten**
  Ausgangspunkt ist das bekannte Gleiten in der Bauchlage mit und ohne Hilfsmittel.
- **Beinbewegung**
  Daran schließt sich das Lernen der ersten Antriebsbewegung (Kraulbeinschlag) an.
- **Gleiten und Kraulbeinschlag**
  Es folgt das Gleiten in Kombination mit dem Kraulbeinschlag.
- **Armbewegung**
  Anschließend wird die Armbewegung (der Armzug) im hüft- bis schulterhohen Wasser eingeführt.

Schwimmen lernen & üben praxisnah und anschaulich – Bestell-Nr. 12 715
KOHL VERLAG

8 Rückenkraulschwimmen lernen und üben

- **Gehen mit Armzug und Atmung**
  Als nächster Schritt folgt die Kombination der Armbewegung mit der Atmung.
- **Schwimmen mit Armzug und Atmung**
  Es folgt nun die Kombination des Armzuges und der Atmung in der Schwimmlage.
- **Koordination Beinschlag, Armzug und Atmung**
  Schließlich folgt die Koordination von Beinschlag, Armzug und Atmung.

Es ist von Vorteil und hat sich bewährt, wenn jede neu zu erlernende Teilbewegung mit den bereits gekonnten Bewegungsfertigkeiten kombiniert, angewendet und geübt wird.

Die folgende Vorschläge berücksichtigen diese Aussagen im besonderen Maße, entsprechend ist die folgende methodische Übungsreihe aufgebaut. Bei allen Übungen wird besonderer Wert darauf gelegt, dass die Kinder möglichst viel Übungszeit im Wasser verbringen. Trockenübungen an Land können als Ergänzung eingesetzt werden, sollten aber nicht zu häufig durchgeführt werden, da die Besonderheiten des Wasserwiderstandes fehlen.

Vom Gleiten zum Kraulschwimmen

Gleiten in der Bauchlage

- Gleiten mit Abstoß an der Treppenstufe: Sitz auf der Treppenstufe des Lehrschwimmbeckens, mit gestreckten Armen in Vorhalte, abstoßen und in waagerechter Körperlage vorwärts gleiten – zum Sportlehrer hin.

Hinweise: Der Lernende ist beim Gleiten ganz gestreckt, sein Kopf befindet sich zwischen den Armen. Den Vortrieb bis zum Ausgleiten nutzen. Am Ende des Gleitens werden die Beine angezogen und der Lernende stellt sich selbst wieder hin.

- Gleiten mit Abstoßen vom Beckenrand: Sich rücklings an den Rand des Schwimmbeckens stellen. Die Arme sind gestreckt, das Schwimmbrett ist in Vorhalte. Ein Bein anwinkeln und die Fußsohle an die Beckenwand stellen, sich leicht nach vorn kippen lassen und mit einem Fuß oder beiden Füßen abstoßen.

Hinweise: Die Ohren werden zwischen den Armen eingeklemmt, der Blick geht nach vorn. Am Ende des Gleitens die Beine anhocken und zum Stand kommen.

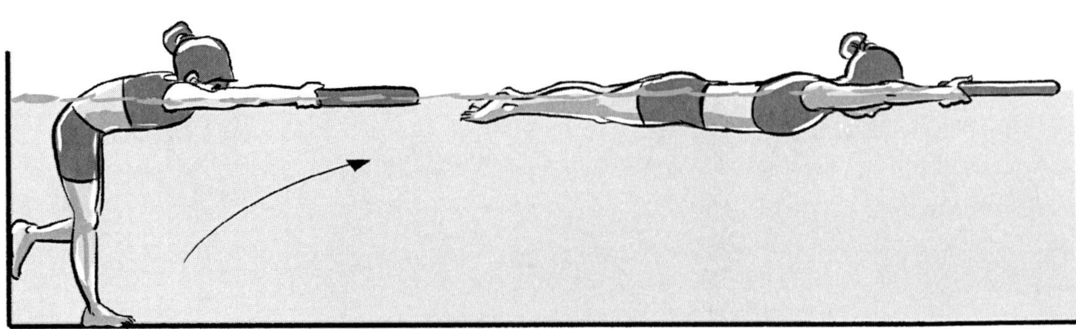

8 Rückenkraulschwimmen lernen und üben

Üben und festigen

- Zu zweit und zu dritt nebeneinander. Wer gleitet am weitesten?
- Nach ca. 2-3 m Gleitphase die Beine kurz anhocken und wieder strecken.
- Nach ca. 2-3 m Gleitphase den Kopf kurz anheben und wieder absenken.
- Wie weit kommst du? Wie lange reicht der Schwung? Erreichst du deinen mit Abstand stehenden Mitschüler?

Beinbewegung – Kraulbeinschlag auf dem Beckenrand

Der Sportlehrer demonstriert den Kraulbeinschlag am Beckenrand auf dem Bauch liegend mit den Beinen im Wasser, damit sich bei den Schülern eine erste Bewegungsvorstellung bildet.

- In Bauchlage mit dem Oberkörper auf dem Beckenrand liegend oder im Stütz auf der Treppe: Die Beine schlagen wechselweise peitschenartig aus den Hüft- und Kniegelenken ab- und aufwärts. Im Gegensatz zum Rückenkraulbeinschlag in der Rückenlage liegt jetzt der stärkere Impuls in der Abwärtsbewegung der Beine.

Hinweise: Darauf achten, dass die Kinder in der Bauchlage ausreichend Bewegungsfreiheit für die Beine haben.

Kraulbeinschlag am Beckenrand

- Im Wasser auf dem Bauch liegend sich am Beckenrand mit den Händen festhalten und den Kraulbeinschlag ausführen.

Hinweise: Der Kopf liegt zwischen den Armen, die Arme und der Körper sind gestreckt. Die Füße sind leicht gestreckt und möglichst nach innen gedreht. Die Knie nur leicht beugen (kein „Fahrrad fahren"!).

- Wie vorher, aber den Beinschlag kurz aussetzen (die Beine senken sich ab), dann den Beinschlag wieder ausführen und den Auftrieb spüren.

8 Rückenkraulschwimmen lernen und üben

Gleiten mit Kraulbeinschlag

- In der Bauchlage sich kräftig mit den Füßen von der Beckenwand abstoßen, Gesicht im Wasser. Mit abwechselnden Auf- und Abbewegungen der Beine aus der Hüfte heraus sich vorwärts bewegen (antreiben).

Hinweise: Es wird zunächst eine kurze Strecke ohne Atmung geschwommen. Die Beinbewegung setzt erst nach einigen Metern des Gleitens ein – nicht sofort. Dem Übenden muss nun der Vortrieb durch den Kraulbeinschlag bewusst werden. Mit zunehmender Sicherheit die Übungsstrecke verlängern.

Hinweise: Der Sportlehrer beobachtet und gibt evtl. korrigierende Hinweise und/oder lässt zwischendurch immer wieder den Bewegungsablauf durch geeignete Kinder demonstrieren.

- Wie vorher, aber mit längerer Übungsstrecke.

Hinweise: Der Kopf wird zum Atmen leicht angehoben, die Ausatmung erfolgt zwischen den Armen im Wasser.

- Gleiten und Kraulbeinschlag zu zweit nebeneinander üben.
- Gleiten und Kraulbeinschlag, dabei die Hände aufstellen (im Handgelenk abknicken), damit so ein Widerstand entsteht.
- Abstoßen von der Beckenwand, Gleiten und Kraulbeinschlag mit Armen in Vorhalte, dabei Körperdrehungen um die Längsachse durchführen. Der Kopf bleibt in der Verlängerung der Wirbelsäule. Unter Wasser aktiv und vollständig ausatmen, in der Überwasserphase (Gesicht oben) einatmen.
- Ein Partner (der Sportlehrer) zieht den Übenden im hüft- bis brusttiefen Wasser und beobachtet/korrigiert dabei den Kraulbeinschlag. Anschließend Rollentausch vornehmen.
- Wechselbeinschlag in der Rückenlage, die Hände paddeln dabei unterstützend in Hüfthöhe mit.

Kraulbeinschlag mit Schwimmbrett

- Mit zunehmendem Können versuchen, eine längere Strecke (eine ganze Bahn) ausschließlich mit dem Kraulbeinschlag zu schwimmen.

Hinweise: die Nutzung des Schwimmbrettes hilft dabei, sich voll auf die Durchführung des Beinschlages zu konzentrieren. Der Kopf wird zum Atmen leicht angehoben, die Ausatmung erfolgt zwischen den gestreckten Armen ins Wasser.

Üben und Festigen

- Kraulbeinschlag mit quer aufgestelltem Schwimmbrett, um den Widerstand zu erhöhen.
- Mit Partner: Beide Kinder fassen dasselbe Schwimmbrett über Kopf an je einer Seite und führen den Kraulbeinschlag aus. Wer schafft es, den Partner durch den intensiven Kraulbeinschlag wegzuschieben?

8 Rückenkraulschwimmen lernen und üben

Armbewegung – Armzug

Der Sportlehrer demonstriert den Armzug an Land und evtl. im Wasser.

Der Armzug ist der Hauptantrieb und daher besonders wichtig. Der Arm ist gestreckt, die Finger sind geschlossen und bilden mit der Handinnenfläche eine „Schaufel". Die Fingerspitzen tauchen zuerst ein – es beginnt die Zugphase: Die Hand „zieht" bis auf Schulterhöhe durch das Wasser. In der sich anschließenden Druckphase drückt die Handinnenfläche das Wasser gradlinig am Körper nach hinten weg. Die Druckphase endet in der völligen Streckung des Armes neben dem Oberschenkel. In der Rückholphase/Vorschwungphase wird zunächst der gebeugte Arm bis auf Schulterhöhe geführt und dann der angewinkelte Ellenbogen aus dem Wasser gehoben, bevor der Arm weiter nach vorn gestreckt wird.

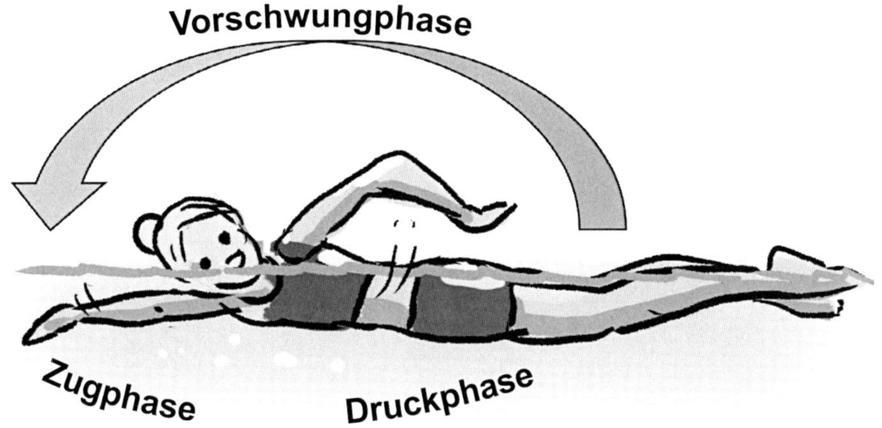

Alle Schüler führen die Armbewegung im Stehen an Land aus.

- Danach wird die Armbewegung im Stand im schulterhohen Wasser ausgeführt.

Gehen mit Armzug

- Gehen im hüft- bis schulterhohen Wasser und versuchen, mit Hilfe und Einsatz der Hände schnell vorwärts zu kommen.

Hinweise: Der Oberkörper ist dabei leicht vorgebeugt. Schon bei dieser Übung auf die einzelnen Phasen achten: Zug- und Druckphase unter Wasser.

Gehen mit Armzug und Atmung

- Die Atmung erfolgt auf der Seite des hinteren Armes. Der Kopf wird zur Seite gedreht, sodass sich der Mund knapp oberhalb der Wasseroberfläche befindet. Die Kopfdrehung erfolgt dann, wenn der Arm durchgezogen worden ist und aus dem Wasser gehoben wird.

Hinweise: Es ist ratsam, den Kopf immer nur zu einer Seite zu drehen und einzuatmen. Der Sportlehrer korrigiert die Armbewegung und die Atmung. Zusätzlich wird der Bewegungsablauf demonstriert.

Schwimmen lernen & üben praxisnah und anschaulich – Bestell-Nr. 12 715

8 Rückenkraulschwimmen lernen und üben

Armbewegung und Atmung verbinden

Armzug einarmig mit Schwimmbrett und Partner

- Der Partner schiebt den Übenden durch das Wasser, dessen einer Arm liegt auf dem Schwimmbrett; mit dem anderen Arm führt er den Armzug mit Atmung aus. Anschließend Rollentausch vornehmen.

Einarmig mit Schwimmbrett

- Sich vom Beckenrand abstoßen und mit der Beinbewegung beginnen. Ein Arm liegt auf dem Schwimmbrett; mit dem anderen Arm wird der Armzug ausgeführt, dabei den Kopf zur Seite drehen und einatmen.

Hinweise: Das Kind wählt selbst die *„gute Armzugseite"* aus. Später evtl. auch zur anderen Seite versuchen. Häufig muss der Schwimmanfänger auch erst seine *„Schokoladenseite"* finden.

Schwimmen mit Pull Buoy oder Schwimmbrett

Die Schüler klemmen sich einen Pull Buoy zwischen die Beine (Waden) und führen die Armbewegung und die Atmung aus.

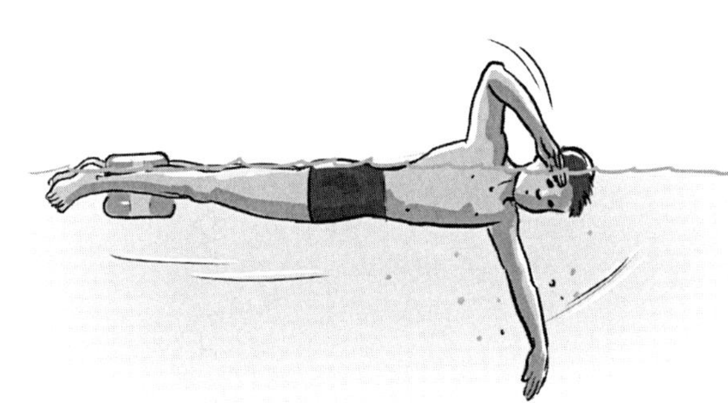

Hinweise: Durch den beidseitigen Armzug kommen die Schüler mehr in die eigentliche Schwimmlage. Die Kopfdrehung erfolgt dann, wenn der Arm durchgezogen ist und aus dem Wasser gehoben wird.

Der Sportlehrer beobachtet und korrigiert.
Zwischendurch wird der Bewegungsablauf durch einen geeigneten Schüler demonstriert, dabei gibt der Sportlehrer wichtige Hinweise. Danach folgt sofort wieder das praktische Üben im Wasser.

- Wie vorher, zu zweit und zu dritt nebeneinander:
  - Wer kommt am schnellsten voran und warum?
  - Wieviel Armzüge mit Atmung schaffst du?
  - Wie weit kommst du? Erreichst du deinen mit Abstand stehenden Mitschüler?

Koordination Beinschlag, Armzug und Atmung

Die bisher erlernten Teilbewegungen werden miteinander verbunden: Gleiten mit Kraulbeinschlag und Armzug mit Atmung.

Hinweise: Zunächst nur kurze Strecken schwimmen und dabei die Gesamtkoordination in den Mittelpunkt stellen, d.h. die harmonische Koordination von Beinschlag, Armzug und Atmung beachten. Mit zunehmendem Können und mehr Ausdauer die Übungsstrecke verlängern.

- Drei bis fünf Kinder stehen nebeneinander im hüft- bis schulterhohen Wasser mit dem Rücken zur Beckenwand. Auf Signal des Sportlehrers stoßen sie sich in gewohnter Weise von der Wand ab und schwimmen mit der Kraultechnik bis zur anderen Seite bzw. zu einer vorher bestimmten Markierung (z.B. im Wasser stehender Partner).

Rückenkraulschwimmen lernen und üben

Sportlehrer und andere Mitübende achten dabei u.a. auf folgende Punkte:

- Der Körper liegt stromlinienförmig und flach im Wasser.
- Die Armzüge erfolgen gleichmäßig und abwechselnd.
- Das Wasserfassen erfolgt weit vor der Schulter.
- Die Atmung erfolgt mit einer leichten Drehung (kein Heben des Kopfes).
- Die Finger sind geschlossen.
- Die Beine schlagen aus der Hüfte im Wechsel auf und ab.

Üben, Festigen und Formen

Die Kinder üben die Technik des Kraulschwimmens in der Grobform, dabei geht es zunächst immer um das Erkennen von wesentlichen Fehlern und deren Beseitigung durch entsprechende methodische Maßnahmen.

- Für manche Schwimmschüler ist es hilfreich, die Gesamtbewegung des Kraulschwimmens noch einmal zu sehen, indem geeignete Schwimmschüler die Gesamtbewegung demonstrieren. Der Sportlehrer gibt dazu erläuternde Hinweise.
- Danach folgt für alle anderen Kinder sofort wieder die praktische Umsetzung im Wasser.

Die Korrektur durch den Sportlehrer muss immer ganz individuell erfolgen, d.h. es muss immer das jeweilige Kind und dessen Ausführung des Kraulschwimmens beobachtet werden.

Aufgrund der Beobachtungen (Fehler) können folgende methodischen Maßnahmen des Sportlehrers zur Anwendung kommen.

Beispiele:

Fehler: Die Beinbewegung kommt nicht aus der Hüfte, sondern aus den Knien.

Bewegungsanweisung: Üben des Kraulbeinschlages in der Brust- und Rückenlage – dabei die Knie unter Wasser lassen. In der Rückenlage kann das Kind den Beinschlag selbst beobachten.

Geräthilfe: Erneutes Üben des Kraulbeinschlages mit Hilfe des Schwimmbrettes. Das Schwimmbrett erleichtert die Schwimmlage, der Übende kann sich voll auf den Kraulbeinschlag konzentrieren.

Bewegungskorrektur: Hier wird der Sportlehrer ganz individuell aufgrund seiner Beobachtungen und Erfahrungen die entsprechende Korrektur verbal und/oder auch visuell geben.

Vormachen: Beim Schwimmen, insbesondere bei der Gesamtbewegung des Kraulschwimmens, ist das Vorzeigen durch andere Kinder von großer Bedeutung. Der Schwimmschüler erhält dadurch einen Gesamteindruck von der Schwimmtechnik. Evtl. muss der Bewegungsablauf zwei- bis dreimal vorgemacht werden. Der Sportlehrer kann dabei weitere wichtige Hinweise geben.

Vorzeigen: Das Vorzeigen in Form von Bildreihen (siehe z.B. nächste Seite) macht Sinn, so können Phasen des Kraulschwimmens durch den Sportlehrer anschaulich erläutert werden.

Rückenkraulschwimmen lernen und üben

Fehler: Keine Streckung des Armes vorn beim Eintauchen.

Bewegungsanweisung: „Versuche deinen Arm vor dem Eintauchen zu strecken – lang zu machen – tauche weit vorn mit den Fingern ein."

Vorzeigen: Die Streckung des Armes beim Eintauchen wird dem Kind anhand einer Bildreihe gezeigt.

Fehler: Zu hastiger und schneller Armzug

Bewegungsanweisung: „Versuche eine Gleitphase in Form einer kleinen Pause einzufügen."

Vormachen: Ein geeigneter Schüler demonstriert den Armzug mit Gleitphase. Der Sportlehrer ergänzt mit erklärenden Hinweisen.

Fehler: Überwasserphase ohne Hochhalten des Ellenbogens.

Vorzeigen: Die Ellenbogen-Hochhalte wird anhand einer Bildreihe gezeigt und erklärt.

Bewegungsanweisung: „Versuche den Arm mit hohem Ellenbogen aus dem Wasser zu ziehen."

Fehler: Die Hand führt in der Unterwasserphase nur unvollständig den Zug und Druck auf das Wasser aus.

Vorzeigen: Die Zug- und Druckphase wird dem Kind anhand einer Bildreihe gezeigt und erklärt.

Vormachen: Ein geeigneter Schüler demonstriert die Zug- und Druckphase. Der Sportlehrer ergänzt mit erklärenden Hinweisen.

Bewegungsanweisung: „Fasse das Wasser, suche den Wasserwiderstand mit der Hand und dem Unterarm. Du musst den Widerstand spüren, d.h. es muss schwer gehen!"

9 Startsprung und Kippwende

Nachdem die Kinder die Schwimmtechnik des Brustschwimmens in der Grobform beherrschen, tauchen mit mehr Sicherheit und Ausdauer sowie zunehmendem Können häufig Fragen nach dem „richtigen Start“ und der „richtigen Wende“ auf. Der Sportlehrer sollte darauf vorbereitet sein und den leistungsstärkeren Kindern ein entsprechendes methodisch strukturiertes Angebot machen.

Start: Natürlich kann das Kind sich anfangs wie gewohnt vom Beckenrand abstoßen, um in die Schwimmlage zu kommen, um dann die angestrebte Strecke zurückzulegen.

Wende: Bei der Wende kann man es den Kindern zunächst selbst überlassen, wie man nach der Schwimmstrecke von 25 m ohne großen Zeitverlust am besten wenden kann, um in die neue Bewegungsrichtung zu kommen, d.h. zurückschwimmen kann.

Manchmal ergibt sich dabei für den Sportlehrer die Möglichkeit, Ausführungsversuche der Kinder aufzugreifen, der gesamten Gruppe vorzustellen und dann mit Bewegungsaufgaben und Bewegungsanweisungen Schritt für Schritt die richtige Ausführung weiter zu entwickeln. Beim Start ist das eher nicht möglich, weil bei Kopfsprüngen immer besondere Vorsicht geboten ist. Im Folgenden werden Übungen für den Start und die Wende vorgestellt, die für eine Schwimmanfängergruppe geeignet und umsetzbar sind.

Startsprung

Der Start erfolgt beim Brustschwimmen in der Regel durch einen Sprung vom Startblock. Schwimmanfänger springen anfangs nur vom Beckenrand. Beim Erlernen von Kopfsprüngen (auch Startsprüngen) muss mindestens eine Wassertiefe von 1,80 m vorhanden sein. Als Startsprung bezeichnet man im Schwimmsport den Sprung von einem Startblock in das Schwimmbecken. Für den Breitensport und das Erlernen des Schwimmens hat der Startsprung vor allem Bedeutung im Hinblick auf den Erwerb von Schwimmabzeichen. So ist der Startsprung zum Beispiel eine der Bedingungen für das Erlangen des Schwimmabzeichens in Gold.

Um einen Startsprung auszuführen, müssen die Kinder natürlich Bewegungserfahrungen und grundlegende Voraussetzungen mitbringen, d.h. sie müssen in vorherigen Schwimmstunden Delfinsprünge und anschließend auch „kopfüber“ gerichtete Sprünge vom Beckenrand erlernt und ausgeführt haben. Weil das nicht immer selbstverständlich ist, wird im Folgenden eine methodische Übungsreihe zum Lernen und Üben des Startsprungs aufgeführt. Über kleinschrittige Fall- und Sprungübungen werden die Schwimmschüler Schritt für Schritt an den Startsprung vom Beckenrand herangeführt.

Delfinsprünge

- Die Schüler springen beidbeinig vom Beckenboden ab ...
  - durch einen waagerecht auf dem Wasser liegenden Reifen,
  - durch einen senkrecht gehaltenen Reifen,
  - über eine auf dem Wasser liegende Schwimmnudel.

Hinweise: Die Arme werden gestreckt über den Kopf geführt und umschließen ihn. Arme und Kopf bilden somit eine Verlängerung des Rumpfes. Der Körper taucht nacheinander mit den Fingern voraus, über die Arme, den Kopf und den Oberkörper ein. Delfinsprünge bilden die Grundlage für die folgenden Übungen des Kopfsprunges.

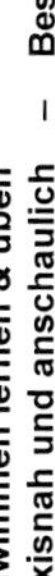

9 Startsprung und Kippwende

Sitzkipper

- Sitz am Beckenrand mit den Füßen im Wasser. Die Arme umschließen den Kopf und sind als Verlängerung des Rumpfes nach oben gestreckt: „Klemmt mit den Armen die Ohren ein!“ Es erfolgt nun das Kippen nach vorn ins Wasser – der Schüler achtet dabei nur auf das Eintauchen der Arme.

Hinweise: Diese Bewegung ist den Schülern von den Delfinsprüngen bekannt und daher ein guter Übergang. Manchmal vorkommende Bauchklatscher sind wegen der geringen Höhe nicht schmerzhaft.

Kipper aus dem Kniestand

- Das Kind kniet am Beckenrand (Schwimmbrett oder Schaumstoff als Knieschutz unterlegen). Die Arme umschließen den Kopf und sind als Verlängerung des Rumpfes nach oben gestreckt: „Klemmt mit den Armen die Ohren ein!“ Es erfolgt nun das Kippen nach vorn ins Wasser, dabei die Arme und den Kopf in der entsprechenden Position halten.

Hinweise: Im Kniestand werden die Fallhöhe und auch der Eintauchwinkel leicht vergrößert.

Kipper (= Kopfsprung) aus der Tiefhocke

- Der Schüler hockt sich an den Beckenrand – Arm- und Kopfhaltung wie gewohnt. Den Körper nach vorn kippen lassen. Die Kippbewegung wird nun zusätzlich durch die Abdruckbewegung der Füße vom Boden unterstützt – es entsteht ein erster Sprung!

Hinweise: Der Körper wird durch die Abdruckbewegung in der Flug- und Eintauchphase völlig gestreckt.

Sprung aus der Standhocke mit Hilfestellung

- Standhocke mit leicht gebeugten Knien am Beckenrand, Arm- und Kopfhaltung wie gewohnt. Den Körper nach vorn kippen (fallen) lassen und die Bewegung durch den kräftigen Abdruck der Füße unterstützen. Die vorher leicht gebeugten Beine ermöglichen den Abdruck und werden nun gestreckt.

Dabei sind verschiedene Hilfestellungen möglich, um die richtige Lage während der Flugphase einzuleiten.

– Der hinter dem Kind stehende Lehrer drückt im Nacken und hebt am Bauch.

– Der im Wasser stehende Lehrer hebt die Beine im Anschluss an das Abdrücken der Füße.

Hinweise: Durch die größere Fallhöhe haben die Schüler mehr Zeit für die Flugphase.

9 Startsprung und Kippwende

Startsprung vom Beckenrand/Startblock aus der Standhocke mit Armschwung

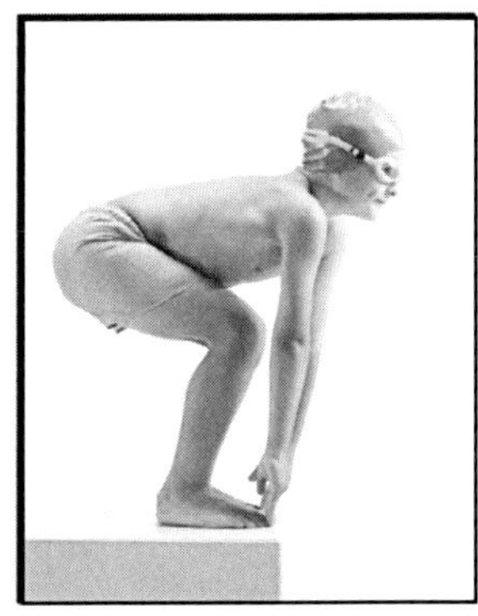

1. Das Kind steht mit den Füßen hüftbreit auseinander am Beckenrand. Die Füße umgreifen die vordere Kante des Beckenrandes. Der Oberkörper wird nach vorne geneigt, die Knie sind leicht gebeugt, die Hände zeigen nach vorn und der Blick ist auf das Wasser gerichtet.
2. Nun die gestreckten Arme kreisartig nach hinten führen und den Körper nach vorn kippen lassen – in die Absprungposition kommen.
3. Die Arme gestreckt nach vorn führen und sich kräftig mit den Füßen vom Beckenrand abstoßen.
4. In der Flugphase (in der Luft) ist der Körper gestreckt, dabei das Kinn leicht zur Brust nehmen.
5. Der Körper des Schwimmschülers taucht nacheinander mit den Fingern, über die Arme, den Kopf und den Rumpf ins Wasser ein.

Hinweise: Der zusätzliche Armschwung sorgt für einen längeren und schnelleren Sprung. Die Körperspannung möglichst während des Eintauchens beibehalten.

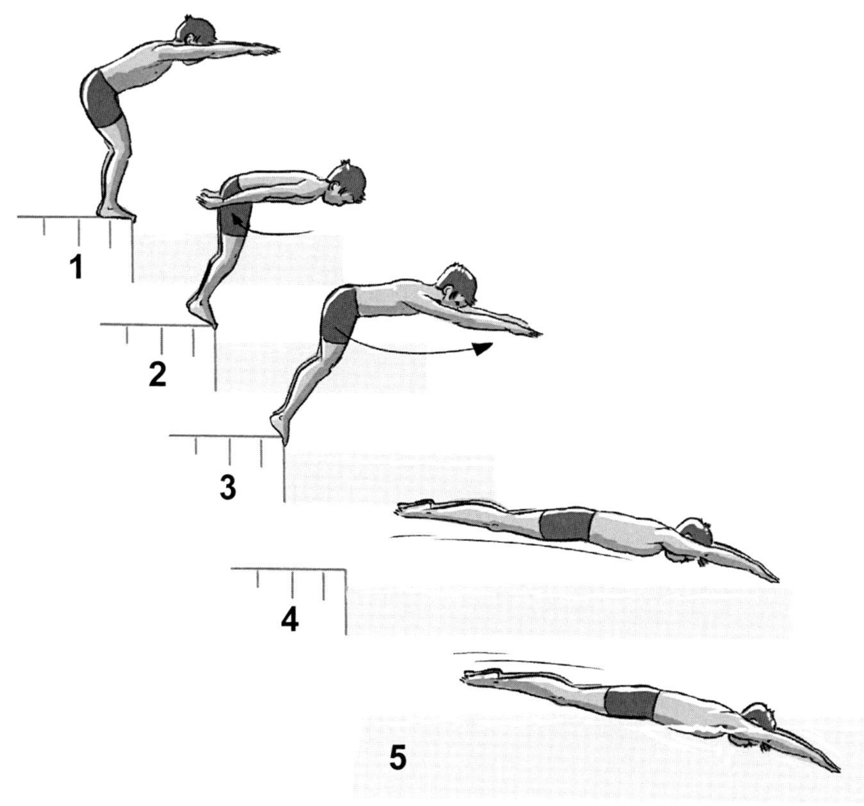

Schwimmen lernen & üben praxisnah und anschaulich – Bestell-Nr. 12 715

9 Startsprung und Kippwende

Wende[1]

Zur Wende beim Schwimmen gehört viel mehr als nur am Rand anzuschlagen, sich zu drehen und wieder abzustoßen. Mit einer guten Wende kann die Schwimmrichtung schnell geändert werden. Mit der Wende kann der geübte Schwimmer viel Zeit rausholen und seine Schwimmzeit insgesamt verbessern. Die gängige Wende im Brustschwimmen wird als Kippwende bezeichnet. Die Kippwende ist in der Regel die erste Wende, die Schwimmanfänger lernen. Der Schwimmer muss mit beiden Händen gleichzeitig anschlagen und kippt über die Seite, um sich dann in die neue Bewegungsrichtung mit den Füßen von der Wand abzustoßen.

Die Ausführung der Wende wird im Regelwerk des Deutschen Schwimmverbandes vorgegeben. Bei der Wende hat der Anschlag mit beiden Händen gleichzeitig zu erfolgen und zwar an, über oder unter der Wasseroberfläche. Der Anschlag mit aufeinander liegenden Händen ist nicht erlaubt. Auf den letzten Armzug vor der Wende muss nicht zwingend ein Beinschlag erfolgen. Daraus ergibt sich, dass man zunächst mit beiden Händen die Wand berühren und dann möglichst schnell wieder beide Füße zum Abstoßen an die Wand bringen sollte.

Nach dem Start und nach jeder Wende darf der Schwimmer, bevor er an die Wasseroberfläche zurückkehrt, einen vollständigen Bewegungszyklus unter Wasser ausführen, ohne mit dem Kopf die Wasseroberfläche durchbrochen zu haben.

Kippwende beim Brustschwimmen

Der Bewegungsablauf der Kippwende – auch bekannt als Brustwende – ist einfach. Sie ist in der Regel die erste Wende, die Schwimmanfänger lernen.

Die Variante Wende nach links:

1. Anschwimmen und mit beiden Händen die Beckenwand berühren – „anschlagen“ – antippen.
2. Durch Kippen um die Körpertiefenachse (wie beim Radschlagen) nach links erfolgt die Richtungsänderung.
3. Der Körper wird um die Längsachse eine Vierteldrehung nach links gedreht und die linke Hand unter Wasser in die neue Schwimmrichtung geführt.
   - Die Beine werden angehockt, der rechte Arm drückt den Oberkörper von der Wand weg.
   - Die Füße schwingen mit angehockten Beinen unterhalb der Hüfte zur Wand (Zehen nach links).
   - Der Kopf bleibt während der Richtungsänderung zunächst über der Wasseroberfläche.
4. Beim Kippen gelangen Körper und Kopf unter Wasser in die Seitenlage. Beide Hände in die neue Richtung strecken. Erst jetzt kräftig durch Beinstreckung abstoßen.
5. Der Körper dreht sich während des Gleitens mit leichter Schraube in die Bauchlage.

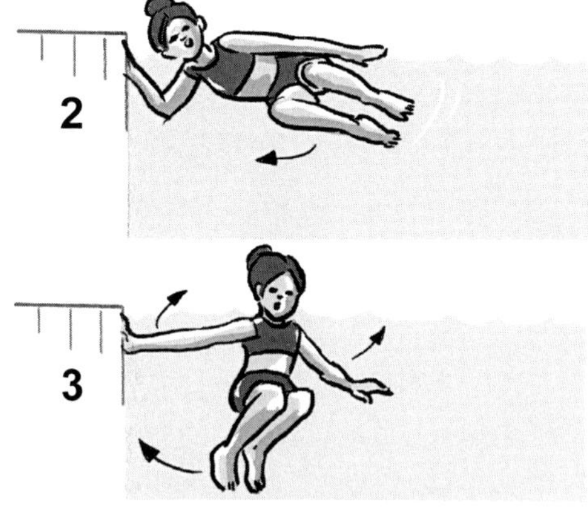

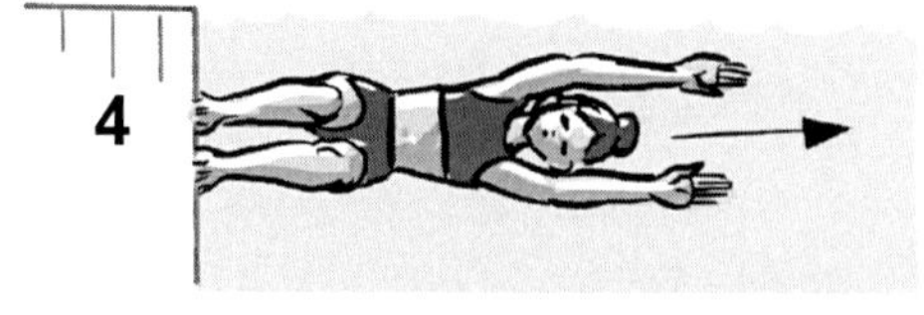

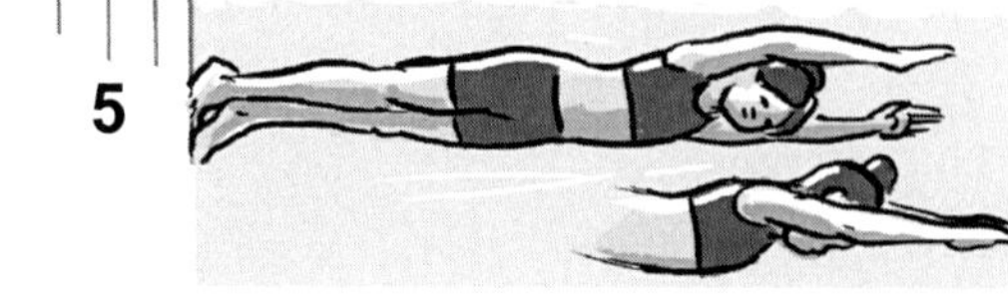

[1] Wende = Richtungswechsel durch Rotation um die Körperachsen

9 Startsprung und Kippwende

Kippwende beim Kraulschwimmen

Anfänger machen beim Kraulen auch die Kippwende, Profis und geübte Schwimmer arbeiten dabei aber mit der Rollwende, die hier nicht beschrieben wird. Die Kippwende beim Kraulschwimmen wird wie beim Brustschwimmen ausgeführt, hier muss aber die Beckenwand in Seitenlage nur mit einer Hand angeschlagen werden. Vor der Wende nimmt der Schwimmer schon eine leichte Seitlage ein.

Die Kippwende beim Rückenschwimmen wird im Grunde auch so wie beim Brustschwimmen ausgeführt. Allerdings muss auch beim Rückenschwimmen die Beckenwand nur mit einer Hand angeschlagen werden.

Kippwende vorbereiten und lernen

Es geht um die Frage, wie man Kindern in leicht verständlicher Form und entsprechenden Übungen die Grobform der Kippwende vermitteln kann. Auch hier wird vom „Gekonnten" wie Gleiten und Abstoßen von der Wand ausgegangen und anschließend durch die Hinzunahme von neuen Elementen wie z.B. Abtauchen, Anschwimmen, Kippen um die Tiefenachse das Lernziel Kippwende Schritt für Schritt erarbeitet. Die Kippwende kann schneller erreicht werden, wenn bestimmte Grundfertigkeiten wie Gleiten und Abstoßen von der Beckenwand bekannt sind und sicher beherrscht werden.

Voraussetzungen und Vorbereitung im hüft- bis brusttiefen Wasser

- Gleiten in der Bauch-, Rücken- und Seitlage.
- Abstoßen von der Beckenwand in der Bauch-, Rücken- und Seitlage mit anschließendem Gleiten.
- Absenken des Körpers unter Wasser (Bauch-, Rücken- und Seitlage), danach Abstoßen und Gleiten.

Der Sportlehrer demonstriert die Kippwende im Wasser

Die Kinder versuchen es „nachzumachen". Evtl. sind einige Kinder in der Lage, die Kippwende gleich auf Anhieb auszuführen. Alle anderen Kinder werden nun in kleinen Schritten mit der Kippwende vertraut gemacht.

Hinführende Übungen im brust- bis stehtiefen Wasser

- Wenden in vereinfachter Form aus dem Angleiten versuchen und üben lassen: „Versuche mitten im Wasser zu wenden und wieder zum Beckenrand zurück zu schwimmen."
- Wie vorher, aber die Beine beim Wenden anhocken. „Was machen deine Arme?"
- Wie vorher, aber auch die Wende zur anderen Seite probieren. „Welche Seite geht besser?"
- Das Kippen mit angehockten Beinen um die Körpertiefenachse losgelöst von der Gesamtbewegung weiter üben.

Hinweise: Den Bewegungsablauf durch geeignete Kinder demonstrieren lassen.

So könnte es weitergehen

- Kurzes Anschwimmen und Anschlagen mit beiden Händen (Brustschwimmen!).
- Aus kurzer Entfernung anschwimmen, mit beiden Händen anschlagen und mit angehockten Beinen in die neue Bewegungsrichtung kippen und abstoßen.
- Wie vorher, aber mit zunehmendem Können des Kippens taucht der Körper immer mehr ab, um den Abstoß vorzubereiten.
- Wie vorher, aber mit anschließendem Übergang vom Gleiten zum Brustschwimmen.
- Mit zunehmender Sicherheit bei der Kippwende in Grobform kann die Schwimmstrecke verlängert werden – bis zu kleinen Wettkämpfen mit Kippwenden.

Literatur

Baartz, R./Remus. R./Tempke, D.: Schwimmen spielend lernen, Unfallkasse Nord, 2. überarbeitete Auflage 2009

Bezirksregierung Arnsberg – Autorenteam: Schwimmen – gut und sicher

Deutsche Gesetzliche Unfallversicherung: sichere-schule.de

Deutsches Rotes Kreuz e.V., Schwimmen – Leitfaden, 1. Auflage 2010 Berlin

Graumann, D./Lohmann, H./Plesser, W.: Schwimmen in Schule und Verein, Pohl-Verlag Celle 2004

Hahn, M.: Besser Schwimmen, Effizientes Training für alle Stilarten, BLV Buchverlag München 2013

Jacob, P.: Richtungswechsel: Die sechs Phasen der perfekten Kippwende, 30.01.2019

Leinen, Christian – DLRG Ortsgruppe Bezirk Saarlouis: Erlernen des Gleitens und Lagenwechsels, Waldgassen 2015

Lewin, Gerhard Dr.: Schwimmsport, Sportverlag Berlin 1965

Lütgeharm, R.: Lehren & Lernen im Sportunterricht, Kohl Verlag 2021

mobilesport.ch – 06/2015: Schwimmen lernen

Schramm, K.: Übungen zum Brustschwimmen lernen, 29. Mai 2019

Stichert, K.-H.: Sportschwimmen, Sportverlag Berlin 1973

Urbainsky, N.: Methodik des Schwimmunterrichts, Pohl-Verlag Celle 2005

Universität Koblenz – Autorenteam: Methodische Übungsreihe zum Kraulschwimmen 2017

Viertelhausen, A. Dr.: Grundlagen im Brustschwimmen, 14.12.2007

Wehren, B.: Schwimmen – Stile, Techniken und Spiele, 1.-4. Klasse, Persen Verlag 2012